李清照传

一介 著

婉约词中仙 清高不羁魂

哈尔滨出版社
HARBIN PUBLISHING HOUSE

图书在版编目(CIP)数据

李清照传 / 一介著 . -- 哈尔滨：哈尔滨出版社，2024.11. -- ISBN 978-7-5484-8100-3
Ⅰ. K825.6
中国国家版本馆 CIP 数据核字第 2024NS2889 号

书　　名：**李清照传**
　　　　　LIQINGZHAO ZHUAN

作　　者：一　介　著
责任编辑：李维娜
封面设计：周　飞
内文排版：张艳中

出版发行：哈尔滨出版社（Harbin Publishing House）
社　　址：哈尔滨市香坊区泰山路 82-9 号　　邮编：150090
经　　销：全国新华书店
印　　刷：三河市刚利印务有限公司
网　　址：www.hrbcbs.com
E-mail：hrbcbs@yeah.net
编辑版权热线：（0451）87900271　87900272
销售热线：（0451）87900202　87900203

开　　本：880mm×1230mm　1/32　印张：7.5　字数：210 千字
版　　次：2024 年 11 月第 1 版
印　　次：2024 年 11 月第 1 次印刷
书　　号：ISBN 978-7-5484-8100-3
定　　价：42.00 元

凡购本社图书发现印装错误，请与本社印制部联系调换。
服务热线：（0451）87900279

序言
千古才女：自是花中第一流

公元1084年3月，山东济南章丘明水小镇上，李家府邸传出响亮的哭声，"哇——"一个女婴呱呱坠地。

一双清澈的双眸，宛如泉城中众多河湖，似星子散落，李格非取名为"清照"。

自此，命运的齿轮开始转动。

小清照2岁时，生母卒。小清照随伯父母生活在明水小镇，6岁那年，跟随父亲来到并安家在繁华的东京城，天子脚下，北宋文人诗词中的"长安"，"龙津观夜市，灯火亦煌煌。"正是著名画家张择端画中的《清明上河图》以及《东京梦华录》中描绘的热闹繁华景象：

"举目则青楼画阁，绣户珠帘。……八荒争凑，万国咸通，集四海之珍奇，皆归市易，会寰区之异味，悉在庖厨。"

彼时，北宋的子民是幸福的，国泰民安、政通人和。

少女时代，李清照活泼、自由、幸福，她小酌、赏花、点茶、画画、郊游、荡秋千……随父作诗，与活跃在文坛的文人墨客们在归有堂谈论诗词歌赋。结识前辈晁补之，跟其学作诗，才华犹如小荷初露，有《如梦令》《双调忆王孙》等词作名动京城，词风活泼、生动、明媚。

《如梦令》中"绿肥红瘦"之句，更是天下称之。

18岁那年，李清照与赵明诚结为伉俪，小乔初嫁了，暂得欢愉。清照"买得一枝春欲放"，将花斜插于发中，问夫君"是花好看，还是奴面好？"娇羞的女儿情态跃然纸上。

婚后一年，奸臣蔡京上任，将李格非等守旧势力列为"元祐党籍"，李格非被遣出京城，李清照给位高权重的公公赵挺之写诗求情，其中有"何况人间父子情"之句，希望公公能出手相救，但以失败告终。

受朝廷党争牵连，李清照被迫离开东京，返回明水生活。与夫君小别的日子，清照作怨别词多首，如《一剪梅》《小重山》《醉花阴》等。"此情无计可消除，才下眉头，却上心头"，字字句句，抒离别之愁，千古流传。

又过三年，蔡京被罢相，宋徽宗大赦天下，李清照得以返回京城。赵明诚结束太学生生涯，正式为官。"归来也，著意过今春"。本是享受久别重逢的好日子，不料翌年，横生变故：蔡京复相，之后，赵挺之罢相，五日后卒，明诚及其哥哥被捕入狱，数月后，无实证才被放出来。

经此变故，李清照随着夫家屏居青州十四年，将书房命名为"归有堂"，居住之所称为"易安室"，自号"易安居士"，与陶渊明《归去来兮辞》共谱归隐之境。此间，清照与赵明诚整理《金石录》，且渐成规模，作《词论》，提出"词别是一家"，作词《新荷叶》《木兰花令》等。二人花前月下、赋赏花诗，过着"赌书泼茶"的悠闲日子。

后几年，李清照随着赵明诚在莱州居住，为《金石录》校勘题跋，成为当时优秀的金石学家，作词《凤凰台上忆吹箫》《点绛唇》等词作。

1125年，金兵南侵，宋徽宗传位给儿子宋钦宗。

1126年，赵明诚驻守淄州，有幸得到白居易写的《楞严经》，与李清照共赏。同年12月，金兵攻破了东京城。

1127年，金兵俘虏了宋徽宗、宋钦宗及宗室数千人，北宋灭亡。见此，明诚和清照返回青州，整理家中收藏的文物运往南方。同年5月，宋高宗即位，建立南宋，10月，赵明诚在金陵任职。12月时，青州发生兵变，留在家中的文物悉数被毁。

更糟糕的事随之而来。1128年，赵明诚罢守金陵，弃城做了逃兵。明诚被罢官，李清照与他荣辱与共。夫妇去芜湖，沿江而上经过和县乌江，正是西楚霸王项羽自刎处，面对滔滔江水，李清照有感而作千古名诗《夏日绝句》，"至今思项羽，不肯过江东"，以吊项羽，讽刺统治者的懦弱无能。

之后，明诚被重新起用，独自赶赴应诏的途中，因天气太热，又马不停蹄地赶路，明诚病危，十几日后卒，清照大病一场。

这几年间，李清照的人生坠入低谷，写下不少伤心欲绝的词作：《蝶恋花》《鹧鸪天》《南歌子》《声声慢》等。

"醒时空对烛花红。"

"寻寻觅觅，冷冷清清，凄凄惨惨戚戚。……守着窗儿，独自怎生得黑？"

"一枝折得，人间天上，没个人堪寄。"

这一字一泪，哪一个不是咬着牙根咽下的？

然，李清照没有时间伤心，有"玉壶颁金"的传言，为保住赵明诚的名声，她追随宋高宗的足迹，想把所剩不多的文物进献，一路颠沛越州、台州、明州、温州、泉州等地，未果。

后文物被盗，李清照花重金赎回。这些都是赵明诚的心爱之物，亦是她之心上物什。

李清照一路追随宋高宗到杭州时，被张汝舟巧言蛊惑骗婚，为保住文物，李清照宁可坐牢亦要状告张汝舟，被判离婚，被明诚的表亲搭救，在牢中只待了9日。李清照将完整过程写进了《投翰林学士綦崇礼启》一文中，以报搭救之恩。

李清照作《金石录后序》《打马赋》《打马图经》并序等，借谈论博弈之事，多处引用典故，表明主张抗战、收复故土的心愿。

1134年，金兵进犯杭州，李清照来到金华避难，写下《题八咏楼》等作品。"千古风流八咏楼，江山留与后人愁。"登上八咏楼，看着不远处的婺江水，思绪万千，国碎山河破，一点一滴都牵动着李清照的心，恨不能厮杀战场，收复旧山河。

1136年，李清照返回临安居住，其间作《转调满庭芳·芳草池塘》《永遇乐·元宵》《清平乐·年年雪里》等词。"今年海角天涯，萧萧两鬓生华。看取晚来风势，故应难看梅花。"最爱梅花的李清照，今非昔比，时地变迁，不论是国家，还是个人的境况都更糟了,又怎么会有心情赏梅?

哀伤之余,李清照还是将赵明诚的遗作《金石录》校勘整理,表进于朝廷。

李清照 68 岁时,想将平生所学传给后人,奈何这位后人孙氏曰:"才藻非女子事也。"孙氏十几岁就自带枷锁,行古代女子无才之事。

一直到 1155 年,一代词人李清照悄然仙逝。

纵观李清照的一生,命运与国家紧密相连,有过快乐无邪的少女时光,走过甜蜜浓情的小乔初嫁,与赵明诚在黯然中分离,在欢喜中重聚,于青州共度一段悠闲时光,志同道合、无话不谈,当山河破碎,他们的命运也随着跌宕起伏,生死相隔后,李清照一个人载不动一个人的忧愁、祖国的忧愁……

清照以一袭华美的袍,展示在世人面前,而袍子背面,亦有人生的褶皱和沧桑。"何须浅碧深红色,自是花中第一流。"清照无愧为"千古第一才女"之称,自是花中"第一流"的女杰。

目录

卷一
待字闺中：知否，应是绿肥红瘦

第一章　沉醉不知归路
01　晚年遭拒　　　　　　　　　　002
02　书香世家　　　　　　　　　　003
03　家有才女　　　　　　　　　　005
04　尽兴晚回　　　　　　　　　　006

第二章　试问卷帘人
01　天资极高　　　　　　　　　　008
02　移居东京　　　　　　　　　　009
03　家学熏陶　　　　　　　　　　010
04　绿肥红瘦　　　　　　　　　　011

第三章　远岫出山催薄暮
01　拜师学诗　　　　　　　　　　015
02　善于学习　　　　　　　　　　016
03　才力华赡　　　　　　　　　　017
04　小院闲窗　　　　　　　　　　018

第四章　秋已暮、红稀香少
01　有女传业　　　　　　　　　　021
02　两首和诗　　　　　　　　　　022
03　广结墨客　　　　　　　　　　024
04　水光山色　　　　　　　　　　026

卷二
小乔初嫁：倚门回首，却把青梅嗅

第一章　见有人来，和羞走
01　隔空共鸣　　　　　　　　　　030
02　元宵灯会　　　　　　　　　　031
03　偶然一瞥　　　　　　　　　　033
04　把青梅嗅　　　　　　　　　　034

第二章　徒要教郎比并看
01　喜结连理　　　　　　　　　　036
02　新婚燕尔　　　　　　　　　　037
03　奴面花面　　　　　　　　　　039
04　花神美人　　　　　　　　　　040

第三章　梅定妒，菊应羞
01　夫妻情趣　　　　　　　　　　042
02　雪腻酥香　　　　　　　　　　043
03　花中一流　　　　　　　　　　044
04　桂花之咏　　　　　　　　　　046

第四章　一番风露晓妆新
01　一对痴人　　　　　　　　　　049
02　你侬我侬　　　　　　　　　　050
03　博戏之神　　　　　　　　　　052
04　赏花之人　　　　　　　　　　054

卷三
被迫离京：雁字回时，月满西楼

第一章　未必明朝风不起
01　政坛动荡　　　　　　　　　　058

	02	炙手可热	059
	03	明朝风起	060
	04	前路漫漫	062

第二章	才下眉头，却上心头	
01	不理禁令	064
02	出仕为官	065
03	一种相思	066
04	锦帕寄之	067

第三章	帘卷西风，人比黄花瘦	
01	多情多恼	069
02	被迫离京	070
03	人比黄花	071
04	得名三瘦	073

第四章	牵牛织女，莫是离中	
01	梅蕊宫妆	075
02	牵牛织女	076
03	父亲离世	078
04	重返东京	079

卷四
闲居青州：多少事，欲说还休

第一章	归来也，著意过今春	
01	莫负春光	082
02	风流不减	083
03	变数再起	084
04	初心尚在	086

第二章	人意不如山色好	
01	再次离京	088

02　易安居士　　　　　　　　　　089
　　03　词是一家　　　　　　　　　　090
　　04　小别之愁　　　　　　　　　　091

第三章　精神与、秋月争明
　　01　恩师大寿　　　　　　　　　　093
　　02　心念苍生　　　　　　　　　　094
　　03　恩师长逝　　　　　　　　　　095
　　04　同心同德　　　　　　　　　　097

第四章　从今又添，一段新愁
　　01　赌书泼茶　　　　　　　　　　099
　　02　易安画像　　　　　　　　　　100
　　03　新瘦新愁　　　　　　　　　　102
　　04　相思难表　　　　　　　　　　103

卷五
靖康之难：忘了临行，酒盏深和浅

第一章　柳眼梅腮，已觉春心动
　　01　皇宫奢靡　　　　　　　　　　106
　　02　起义不断　　　　　　　　　　107
　　03　情谁与共　　　　　　　　　　108
　　04　雨打梨花　　　　　　　　　　109

第二章　东莱不似蓬莱远
　　01　寻夫莱州　　　　　　　　　　111
　　02　乌有子虚　　　　　　　　　　112
　　03　孤独之深　　　　　　　　　　113
　　04　心知肚明　　　　　　　　　　114

第三章　桂子飘香张九成
　　01　战事不断　　　　　　　　　　117

02　金兵南侵　　　　　　　　　　118
　　03　对联嘲之　　　　　　　　　　119
　　04　烹茶共赏　　　　　　　　　　120

第四章　春意看花难
　　01　靖康之耻　　　　　　　　　　122
　　02　兵变家毁　　　　　　　　　　123
　　03　思乡忧国　　　　　　　　　　124
　　04　怀念故国　　　　　　　　　　125

卷六
国破家亡：故乡何处是？忘了除非醉

第一章　可怜春似人将老
　　01　徽宗绝笔　　　　　　　　　　128
　　02　亡国之君　　　　　　　　　　130
　　03　醉莫插花　　　　　　　　　　131
　　04　有志报国　　　　　　　　　　132

第二章　试灯无意思，踏雪没心情
　　01　畏敌如虎　　　　　　　　　　134
　　02　老去无成　　　　　　　　　　135
　　03　暖风迟日　　　　　　　　　　137
　　04　痛失爱物　　　　　　　　　　137

第三章　夹衫乍著心情好
　　01　细心叮嘱　　　　　　　　　　139
　　02　故乡何处　　　　　　　　　　140
　　03　缒城宵遁　　　　　　　　　　141
　　04　皇帝逃命　　　　　　　　　　142

第四章　秋已尽，日犹长
　　01　局势紧张　　　　　　　　　　144

02 生当人杰　　　　　　　　　　145
03 英雄气概　　　　　　　　　　146
04 寒日萧萧　　　　　　　　　　148

卷七
生离死别：这次第，怎一个愁字了得

第一章　只有情怀，不似旧家时
01 明诚病危　　　　　　　　　　152
02 生离死别　　　　　　　　　　153
03 物是人非　　　　　　　　　　155
04 散为云烟　　　　　　　　　　156

第二章　正伤心，却是旧时相识
01 绝世奇文　　　　　　　　　　158
02 又还寂寞　　　　　　　　　　159
03 追踪高宗　　　　　　　　　　160
04 春残思夫　　　　　　　　　　162

第三章　九万里风鹏正举
01 鹏举万里　　　　　　　　　　165
02 再嫁风波　　　　　　　　　　167
03 牢狱之灾　　　　　　　　　　168
04 文如其人　　　　　　　　　　169

第四章　终日向人多酝藉，木犀花
01 病后初愈　　　　　　　　　　172
02 写诗送行　　　　　　　　　　174
03 山河依旧　　　　　　　　　　178
04 如见故人　　　　　　　　　　180

卷八
悄然仙逝：人间天上，没个人堪寄

第一章　只恐双溪舴艋舟，载不动、许多愁
    01　作后序文　　　　　　　　184
    02　避难金华　　　　　　　　185
    03　作《钓台》诗　　　　　　186
    04　写愁名句　　　　　　　　187

第二章　香车宝马，谢他酒朋诗侣
    01　题八咏楼　　　　　　　　190
    02　得似旧时　　　　　　　　191
    03　今昔元宵　　　　　　　　192
    04　听人笑语　　　　　　　　194

第三章　叶叶心心，舒卷有余情
    01　难梦到家　　　　　　　　196
    02　愁损北人　　　　　　　　197
    03　献帖子词　　　　　　　　198
    04　岳飞冤死　　　　　　　　200

第四章　梅心惊破，多少春情意
    01　满衣清泪　　　　　　　　202
    02　肠断与谁　　　　　　　　203
    03　女子才藻　　　　　　　　204
    04　悄然仙逝　　　　　　　　206

附录

词　论	210
投翰林学士綦崇礼启	211
打马赋	212
《金石录》后序	213
李清照年谱简编	216

卷一　待字闺中：知否，应是绿肥红瘦

第一章
沉醉不知归路

01　晚年遭拒

公元1151年，孙综带着女儿来李清照家中拜访，李清照见小女孩十余岁，聪慧可人，十分喜爱，便想将平生所学倾囊相授，问她是否愿意，岂料小女孩以"才藻非女子事也"一口回绝。

此时，李清照年近七旬，已是日暮年岁，无儿无女，孤苦一人。

后来，小女孩勤于学习"古列女事"，后嫁给苏琰为妻，将婆家打理得井井有条，尽显女儿本色。

小女孩自小就被灌输女子从小就要学习侍夫之道的思想，"女子无才便是德"，自古以来女子处于弱势，"在家从父，出嫁从夫，父死从子"。在当时，深受这些思想影响，十余岁的小女孩拒绝学习知识，似在情理之中。

这则故事被陆游记在《夫人孙氏墓志铭》中，相关文字为："夫人幼有淑质，故赵建康明诚之配李氏，以文辞名家，欲以其学传夫人。时夫人始十余岁，谢不可，曰：'才藻非女子事也。'"

这里的夫人孙氏就是小女孩，她是北宋名臣孙沔的四世孙女，其父与陆游是外兄弟，其夫君与陆游为同乡，她死后，陆游为她写此墓志铭。陆游十分赞同她，认为女子无才便是德。

对于后人而言，这则墓志铭最大的价值在于证实李清照至少活到了1155年[①]。孙氏是53岁死于公元1193年，可推测出她拒绝李

[①]　李清照晚年的记载极少，有人考证她活到了70多岁，或80岁，这里参照了柯宝成编著的《李清照全集》。

清照时的年份。

李清照的晚年在杭州度过，极少再有关于她的记载。人们无法得知当时的李清照作何感想，试想一下，满心欢喜想把满腹才学传给一个顺眼的小女孩，希望有朝一日，她也能学有所成，活得精彩与潇洒，得到的却是断然的回绝。清照引以为傲的才学被小女孩的"才藻非女子事也"讽刺得体无完肤，实在是一种悲哀。

然而，这不是李清照的悲哀，是当时女性的悲哀。

束缚在古代女性身上的枷锁何止这一道，然而，李清照一层层突破："学诗三十年"、喝酒、打马、郊游、偏要写些"淫词艳曲"、作诗劝诫宋朝统治者、上诗公公赵挺之、再婚、状告张汝舟、坐牢、保护文物、为出使金国的使臣写诗送行……

谁规定女子只能学习"古列女事"，行女子之事？

事实上，当时的北宋，较之先前，对待女性有其进步的地方：于法于礼上，对女性改嫁较为宽容，未出嫁的女子也享有继承权。虽说当时程朱理学家开始鼓吹"存天理，灭人欲""饿死事小，失节事大"等理念，但仅在小范围有影响，理学到了元朝才被官方正式确立，并大力弘扬。根据宋史学者张邦炜先生对《夷坚志》的统计，得出结论：宋代妇女再嫁者不是极少，而是极多。社会风气不以再嫁为耻，女方家庭还会资助改嫁女子。

时人朱彧在《萍洲可谈》里评价李清照的一生道："天独厚其才而吝其遇，惜哉！"充满了深深的同情和惋惜。

蓦然，回首一生，诚然，李清照没有子嗣后代，但她的易安文脉、她的"绿肥红瘦"、她的敢作敢当、她的真实洒脱、她与赵明诚的"赌书消得泼茶香"、她的忧国忧民情怀……依旧为后人津津乐道。

02　书香世家

公元 1084 年，山东济南章丘区的明水镇上，李家府邸，李格非与王氏过着岁月静好的日子。

传闻早年间，李格非的父亲在明水任职太守，为官清正、廉洁，喜欢明水的一草一木、风土人情，便举家迁居此地。

李格非和其父都曾在学士韩琦门下学习。据《宋史·韩琦传》载："琦蚤有盛名，识量英伟，临事喜愠不见于色。论者以重厚比周勃，政事比姚崇。其为学士临边，年甫三十，天下已称为韩公。"韩琦三十岁便被尊称为韩公，能被尊称为"公"者不是因辈分高，而是因品行、学识超于常人。父子俩皆师出名门，可见其品行与学识非常人可比。

李格非何许人也？

《宋史》中有云："其幼时，俊警异甚。""格非苦心工于词章，陵轹直前，无难易可否，笔力不少滞。"李格非不止相貌俊美、才华满腹，还十分谦虚、勤勉。他是"苏门后四学士"之一，与前"四学士"同是苏轼文学的传人，是元祐文坛的中坚力量。他饱读诗书，进士出身，深受苏轼的赏识，一生著作颇丰，有《洛阳名园记》等著述传世。

王氏是北宋丞相王珪的长女，未留下全名，善文辞。其父王珪才思敏捷、出口成章，十二岁便能作文，身居高职长达十六年。欧阳修说王珪是"真学士"，王氏在书香中浸润长大，眼界开阔、品性温良。

此时正值烟花三月，万物生气勃勃，生命开启新的轮回，李家迎来新生命的呱呱坠地。望着女儿清澈的明眸，李格非将之取名为"清照"。

泉城济南，众多河湖如星子散落，泉水清澈、灵动活泼，沉静时可以照见天光云。清照，以一己之清澈，照见世事之变幻无常。

李格非才学出众，是一个有气节、有风度的正人君子。宋朝有兼职兼薪制度，当时的郡守十分欣赏李格非，见他清贫，欲让其兼任其他官职，却被李格非一口谢绝。李格非正是以老师苏东坡为榜样，廉政清明、光明磊落、豪放不羁。李格非虽考取功名，入了仕途，却能做到不贪财、不被钩心斗角的官场所左右。

此时，李格非已经39岁，经历宦海沉浮，深感疲惫，始终保持初心，潜心著书。他希望女儿清照亦能如此。

每一个人的出生皆有因果，李清照亦然。

彼时的北宋政坛，对外，宋神宗出兵攻打西夏，收回了五州之地，后又在与西夏的战争中两次战败；对内，神宗以军权的力量强行支持王安石进行"熙宁变法"，推行了大量的新政，企图将大宋积贫积弱的政治困境扭转。新旧势力，几番明争暗斗。以王安石为首的人主张变法，称变法派，亦称"新党"，而朝堂里反对变法的人则是保守派，亦称"旧党"，以苏轼为首。

这一年，西夏大举进攻北宋。司马光远离朝堂，完成了巨著《资治通鉴》，耗时19年，将之进献给宋神宗。苏轼42岁，因"乌台诗案"被贬黄州，后改任汝州，赶赴汝州时，苏轼经过九江，与好友参寥一同游庐山，赏景，吟诵出"不识庐山真面目，只缘身在此山中"的哲理诗句；途经鄱阳湖口游览石钟山，写《石钟山记》，抒发"事不目见耳闻，而臆断其有无，可乎"之感慨。

繁华的汴京，北宋的京城，有"汴京富丽天下无"的美誉。当时活跃在文坛的大文豪有苏轼、王安石、司马光、曾巩、晁补之……

03 家有才女

明水镇上，襁褓中的李清照如刚出土的幼苗茁壮成长，她是父母眼中的宝贝，自小聪明伶俐，谁见谁爱。

周岁那天，按照习俗"抓周"，李家人在小清照的周围摆满了各种物件：针线、衣物、胭脂、食物、玩具、笔墨和书……在长辈们焦急的期待下，小清照爬来爬去，目光从漂亮的衣裳上移开，跳过胭脂，停在了毛笔和书籍上，小小的手抓起笔和书摆弄着。

李格非满心欢喜：将来必定是个才女。

王氏亦喜从中来：她自己喜爱诗书，丈夫著书时，她在一旁研墨，写得好句子，亦可同赏，他们一起读书赏诗。一家人谈诗作文，其乐融融，多么幸福美好的景象啊！

好景不长，生下小清照不足两年，王氏便因病去世。真是天妒红颜。她没有留下全名，却给世人带来了绝世无双的"一代词宗"，甚至在她无法想象的宇宙中，世界天文学家以"李清照"来命名水星上的一座环形山。

小清照失去生母，李格非承受巨大的丧妻之痛。这一年，神宗崩，哲宗即位，由于年纪尚小，由皇太后高氏听政。高氏一直反对王安石的新法，她把持朝政后立即废除新法，守旧势力得到重用，司马光、苏轼等人被重新起用。

这对李格非的人生是一次转机。

日子徐徐向前。李格非继续任职，与晁补之相交甚好，仰慕苏轼，受到苏轼赏识。随着苏轼的一路升官，任翰林学士，负责给皇帝草拟诏书，李格非也进入东京，官拜太学录。太学是全国最高学府，太学录是太学里的学官。

04　尽兴晚回

16岁时，李清照便有一阕成名作：

如梦令·酒兴

常记溪亭日暮，沉醉不知归路。兴尽晚回舟，误入藕花深处。争渡，争渡，惊起一滩鸥鹭。

清照完稿后，将之交给父亲，如往常般请父亲品读。李格非读之，复又读之，喜爱至极。翌日，李格非将这阕小令拿给同僚好友欣赏，大为震惊，广受好评，至此，"清照"的闺名便在北宋文人墨客间传播开来。

寥寥数笔，勾勒出一幅荡舟晚游图，五彩斑斓：日暮、溪亭、藕花，加上动词的渲染：回舟、误入、争渡、惊起，把景、物、人、情融为一体，泛起每个人心中的少年时光，唤醒蛰伏在灵魂深处的纯真与激情，此等意境，余味悠长。

更有故事，曲折又惊险：被山水之色吸引的清照，无意之间闯进藕花深处，此时，天色已晚，奋力地想划船离开，慌乱、酒醉之间，忽而惊得鸥鹭纷纷飞散。

望着水鸟们扑展着翅膀,愈飞愈远,清照久久难以释放,眼前的风景比之前更胜一筹,清照再次耽搁了回家的时辰,任由夕阳一点、一点地沉下去。贪玩、晚归,清照知道,父亲不会责怪她。不如,再和大自然待一会儿。

有人认为"沉醉"指清照饮酒而醉不合时宜,却不知清照喜酒,在她众多才词中可见:"浓睡不消残酒""东篱把酒黄昏后""扶头酒醒,别是闲滋味""酒意诗情谁与共"……

李格非从不约束清照的饮酒行为,之后的丈夫赵明诚亦不加以约束,她就像是一阵自由的风,特立独行,要去何方,便去何方,要做何事,便做何事,写诗、作画、打马、赌书、吃酒、饮茶、赏花、怼人……其行事作风不亚于当朝男子。

清照,从不受性别之缚,更不受他人目光束缚。

一切皆遵循本心,真心流露。"尽兴晚回舟"如此,作词如此,做人亦如此。

第二章
试问卷帘人

01 天资极高

李格非在东京城尚未站稳脚跟,他将小清照托付给哥哥嫂嫂照顾。小清照在明水被照顾得很好,有兄弟姐妹们一起玩耍,一起入学堂读书。

正值七夕乞巧节,天上的牛郎织女渡过鹊桥,朝思暮想的两人执手相看泪眼。在这个"家家乞巧望秋月"的时节,女孩们"穿尽红丝几万条",唯独小清照有不一样的想法。她双手合十,对着月儿祈祷:不要一双会做女工的巧手,而志在读书、写字。

小清照天资极高,别人好多遍都记不住的诗词,小清照读一两遍便能背诵,很多时候,还会超前学习。

明水镇上一直流传着这则故事:一日,教书先生教授白居易的《琵琶行》,这是一首长诗,其他学生都在认真地听讲,生怕错过什么,小清照却在偷偷地给教书先生画肖像画,时不时还偷笑。教书先生发现后,很生气,想为难她,便叫她背诵长诗。

没想到小清照摇头晃脑一口气背完,一字不差。

教书先生假装镇定地质问:"光会背有什么用!意思都理解了吗?"

小清照点点头。教书先生自然不信,便询问词句的意思,小清照全部对答如流,教书先生大为震惊。自此,李家小才女的称号就和小清照结缘,广为流传。

李格非回乡探亲,闻听此言,不甚欣慰,常常给小清照带很多书籍,检查学业,父女俩探讨读书的事。在父亲的影响下,小清照把几百首唐诗倒背如流，读《诗经》、司马相如的《子虚赋》《上林赋》、宋玉的《对楚王问》……

小清照常常学着父亲读书、写书的样子，不止读书，还学着抄诗，渐渐地，她喜欢上抄诗，每每读到好诗，就整整齐齐地抄录下来。

"学诗三十年，缄口不求知。谁遣好奇士，相逢说项斯。"此乃中年时，清照与人分韵作诗留下的一首诗。可知学诗并非一朝一夕之功，从小便勤奋好学，才有了后来朱熹对其的评价："本朝妇人能文，只有李易安与魏夫人……岂女子所能。"

李清照的诗才在当时就受到了前辈诗人的高度评价。

02 移居东京

小清照6岁这一年，李格非升迁做了太学正，俸禄多起来，他终于可以把小清照接过来同住汴梁。

汴梁，又称汴京，是北宋都城东京开封府，人口逾百万众，《清明上河图》中有漕运发达的汴河、人声鼎沸的码头、车水马龙的虹桥，商店林立，百业生机，人间烟火，最抚人心。

在繁华的东京城，李格非置办一处府邸，精心布置，在院子的南边种了竹子，将宅院命名为"有竹堂"，让小清照有一个安稳、幸福、有书香气的家，开启新的人生之旅。

比起东京的繁华、热闹、陌生，小清照喜欢待在有竹堂，翠竹带来自然的风韵，映在白墙上，像一首诗。小清照未必知道"宁可食无肉，不可居无竹"，她天性钟情于竹。小清照不仅钟情于父亲的翠竹，更是对其书房心生欢喜。

初见，满屋子的书，扑鼻而来的是淡淡的书香，窗外徐徐的微风，耳畔是"沙沙"的竹声，小清照的心瞬间比阳光还要明媚，她沉浸在书海里。

两年后，李家府邸迎来一位新人：王氏。她和清照的生母同姓，同样出自名门之后，亦善诗文，是宋仁宗当朝状元王拱辰的孙女，她便是清照的继母。

王拱辰生性耿直、诚实守信，他高中状元之后，竟然和宋仁宗说考试的题目他之前刚好做过，考上状元属侥幸。好在宋仁宗慧眼识才，认可他的诚实耿直，"王拱辰"这个名字就是宋仁宗御赐的。王拱辰为官55载，深受百姓和同僚的敬佩。值得一提的是，王拱辰家境贫寒，是家中长子，其父早亡，是他挑起家庭重担，刻苦读书，撑起整个家。他在小清照出生的第二年去世，终年73岁。这种诚实、自我的秉性从王拱辰身上传承到其子，再到其孙女王氏，最终抵达小清照身上。

晁补之曾有诗《和王拱辰观梨花二首》："压沙寺里万株芳，一道清流照雪霜。银阙森森广寒晓，仙人玉仗有天香。"

继母王氏的到来，让这个家有了更多的温馨和幸福，让小清照的童年不再有缺失的遗憾。

03　家学熏陶

李格非从不限制女儿的活动，每日下班后就回家著书，公元1091年时，李格非撰写《元祐六年十月哲宗幸太学君臣唱和诗碑》，录有36人，其中有赵挺之，此时的赵挺之为国子监司业，其子赵明诚11岁，正是饱读诗书的年纪。

又过一年，李格非完成《礼记说》之书，达数十万字，广为流传。李格非是位真正的著书者，潜心写作、不畏困难、笔耕不辍。关于写作，李格非曾有言曰："文不可以苟作，诚不著焉，则不能工。且晋人能文者多矣，至刘伯伦《酒德颂》、陶渊明《归去来兮辞》，字字如肺肝出，遂高步晋人之上，其诚著也。"

在李格非看来，作文要诚心具备，要像刘伯伦的《酒德颂》和陶渊明的《归去来兮辞》，每一字、每一句都是肺腑之言、真情自然流露，可谓情真意切、言语简约。简而言之，就是作文，要求真、求实。纵观李清照的词和文章，不亦如此乎！

不止作文如此，李格非做人亦是如此。公元1094年，李格非被外放为广信军通判。《宋史》中记载过他的事迹："绍圣立局编元祐章奏，以为检讨，不就，戾执政意，通判广信军。有道士说人祸福或中，出必乘车，诋俗信惑，格非遇之途，叱左右取车中道士来，穷治其奸，杖而出诸境。"

宋哲宗设立馆局编辑元祐时期的奏章，当朝宰相章惇想任命李格非为检讨——翰林院掌修国史之官，章惇为人严厉，不允许言论自由，对文人学子极不友好，又与苏轼是政敌。李格非不愿曲意逢迎，无心政治，这违反了宰相的意愿，就被迫离开朝廷，外放广信军通判。路上，李格非遇到一个道士，这个道士满口胡言乱语，搞封建迷信那一套，很多人都上过当受过骗，李格非知道后，就命人把道士抓来，对他实施杖刑，并将其驱逐出境，百姓们纷纷叫好。

此举传到年仅11岁的李清照耳中，她为父亲的正直之举感到骄傲。

第二年，李格非便被召回京做了校书郎，撰写《洛阳名园记》，表面上是介绍洛阳的著名园林，实际上暗含对政事的嘲讽。谓"洛阳之盛衰，天下治乱之候也"。此书成为他的传世佳作。

李格非的一生担任过以下官职：冀州司户参军、郓州教授、太学录、校书郎、著作佐郎、礼部员外郎、提点京东刑狱……一路高升，且均为文化类的官员。大宋朝可是尚文轻武，能在浩瀚的大宋文人中占有一席之地，绝非易事，可见其学识渊博。李格非所处的时代正值党派争斗之时，他能在宦海的浮浮沉沉中，无暇于虚名，也不求大富大贵，专心著述，努力做好自己，维持自我与现实之间的平衡，给李清照做了很好的榜样。

父亲李格非的言传身教，成为李清照今后的为人、作词的根本。

此时的小清照宛如一朵含苞待放的花骨朵儿，经历了阳光、爱与书墨的浸润，一日日、一点点地静候佳时——是星辰必然会有熠熠生辉的时刻。

04 绿肥红瘦

一阕《如梦令》引起北宋文人墨客的骚动。

而清照，面对外界众说纷纭，或褒或贬，不予理会，依然像清晨的光,明媚而不张扬,做一个无忧无虑的少女,以自己的方式活着、写着、乐着……

逢着一个雨夜,清照听雨疏疏落落地下着,骤然起了风,莫名地有点儿伤感,饮了点儿小酒,昏沉沉地睡去。

翌日清晨,倦卧未起,对院子里的海棠花最为关切。谁会有如此曼妙的小心思呢?

唐代韩偓写过一首五言律诗《懒起》,其中有"昨夜三更雨,今朝一阵寒。海棠花在否,侧卧卷帘看"之句。

李清照化用这首诗,点铁成金。

如梦令·暮春

> 昨夜雨疏风骤,浓睡不消残酒。试问卷帘人,却道海棠依旧。知否,知否?应是绿肥红瘦。

此词一出,惊动了整个东京城的文化圈。

如今,海棠安在否?

韩偓没有给出答案,有问无答,一副慵懒倦态。

清照试着问了卷帘人,得到的回答:"海棠依旧。"

何等粗心的卷帘人啊!枝上的确还有海棠花,无畏疏雨骤风,坚强地挺立着,傲然地绽放着,颇有几分娇弱之美。可更多的海棠花却是雨打风吹去,化作了春泥。难道她不知道吗?此时的海棠,似美人一般憔悴瘦去了,哪里还有昔日花开甚好的春光啊!

春,终究是要离去的。心底纵有万般不舍,亦是留不住的。

清照叠用"知否",与后唐庄宗的"如梦",有异曲同工之妙。

"曾宴桃源深洞,一曲清歌舞风。长记欲别时,和泪出门相送。如梦,如梦,残月落花烟重。"

后唐庄宗李存勖属婉约派词人,这首小令本名《忆仙姿》,他嫌其名不雅改为《如梦令》,"如梦令"词牌名由此而来。宋人很喜欢此调,此声低沉凝重,多用于抒情,苏轼甚是喜欢,用此调抒发旷达之情,也用它言志、写景。

李存勖追忆一场宴会，宴会中有多欢乐，与伊人离别时就有多不舍，和泪相送，真是梦一场啊。恍如在梦中啊。"如梦"叠用，表达内心强烈的不舍和悲伤，而眼前的"残月落花烟重"和心底的迷蒙孤寂。不须说，自是离别最愁人。

其中两个二字叠句，是最难处理的，须与上下文连贯，不然便显得突兀。清照的叠用加反问，又与下文连贯，可谓一气呵成。此后，清照这首《如梦令》成为此调之经典。宋朝秦观曾作《如梦令·春景》："莺嘴啄花红溜，燕尾点波绿皱。指冷玉笙寒，吹彻小梅春透。依旧，依旧，人与绿杨俱瘦。"便不及清照此词流传广。

清照比之更胜：叠用"知否"，加反问，情感炽烈，心底的情感呼之欲出、跃然而来："应是绿肥红瘦"啊。"绿肥红瘦"最是新颖、奇妙。

此处的"绿"指海棠叶子；"红"则指代海棠花。"肥"和"瘦"本是用来形容人的身材，此处却借指叶子的繁茂与花的憔悴，形容春末景象。这种新奇的拟人手法，被后来很多词家引用。宋朝赵长卿有词云："绿肥红瘦春归去，恨逼愁侵酒怎宽。"宋朝黄机写有"风雨后，枝上绿肥红瘦"之句。只是，皆不及清照的"绿肥红瘦"运用得恰到好处。只能引用，再难超越。

马仲殊认为"连篇累幅寓暮春的景色的"，都"抵不上'绿肥红瘦'四字"。

清照自小便"素习义方，粗明诗礼"，她喜欢父亲李格非在汴京的书房，藏书颇多，清照畅游在诗书的海洋里，少时，便颇有盛名。这阕小令一出，"天下称之"。

"当时文士莫不击节称赞，未有能道之者。"明朝的蒋一葵赞誉道，当时的文人墨客没有不夸它的。

明朝张綖在《草堂诗余别录》赞"绿肥红瘦"用词"委曲精工"，也就是精确工整，且贵在含蓄，有无穷的延伸之意境。"可谓女流藻思者矣。"李清照绝对是女词人中的佼佼者。

清照作词亦妙在篇幅短小，却藏有无数曲折。卷帘人已道"海棠依旧"，词人本该欣慰无忧，她并没有看到院子里的海棠花，却心知肚明，两个反问后告知"应是绿肥红瘦"。前词中亦有伏笔

"雨疏风骤""残酒"。

花有重开日，人无再少年。

淡淡的忧愁，是少女心上的一抹乌云，深谙自然之道的清照，其细腻、敏锐的神经总能触及每一处细微的变化，泛起内心的情丝，再将之跃然于纸上，写词寄情。这种自然流露情感的书写最为珍贵。

第三章
远岫出山催薄暮

01 拜师学诗

有竹堂里有位熟客：晁补之。

晁补之何许人也？北宋时期著名文学家，诗词文章都是一把好手，擅长书画，"苏门四学士"之一，与黄庭坚、秦观、张耒齐名，皆为苏轼文学传人。

晁补之17岁时，跟随父亲游杭州，被钱塘的山川风景人物吸引，作《七述》，给当时在杭州的苏轼看，苏轼看完大加赞赏，之前苏轼亦有写此类文的心思，读之，道："我可以搁笔了。"由此，晁补之的名声流传开来。

晁补之和李格非是要好的朋友，二人都在太学任教，经常和同僚们商讨国家大事、探讨诗文。

两人同为苏轼门徒，又是同乡，脾气、秉性十分投缘，二人私下常有交流。"结交齐东李文叔，自倚笔力窥班扬。谈经如市费雌黄，冰炭何用置我肠。"从晁补之赠送给李格非的这首《次韵太学宋学正遐叔考试小疾见寄》一诗中可以看出晁补之与李格非关系甚厚。

李格非在东京城置办家业及寻常生活状态也被晁补之记在《有竹堂记》一文中：

"济南李文叔为太学正，得堂于经衢之西，输直于官而居之，治其南轩地，植竹砌傍，而名其堂曰'有竹'，榜诸栋间，又为之记于壁。率午归自太学，则坐堂中，扫地置笔砚，呻吟策牍，为文章日数百篇不休，如茧抽绪，如山蒸云，如泉出流，如春至草木发，须臾盈卷轴。门窗几席婢仆犬马目前之物有一可指无不论说形容强嘲而故评之以致其欣悦而于竹尤数数也。"

晁补之详细记录了李格非在大路西边向官府付钱得了一处院子，在院子南边种下竹子，每天下班回家就不停地写、写、写，尤其对竹子特别上心。文叔是李格非的字。

李格非一生著作颇丰，文集45卷，遗憾的是大多遗失，只有《洛阳名园记》保存下来。不然，想必亦能在李格非的诗文中追踪到他对晁补之的情谊。

或许冥冥之中自有天注定。晁补之一见到小清照便十分欢喜，小清照亦仰慕晁补之，就这样，晁补之成了小清照的启蒙老师，经常点评、指导小清照的学业。

小清照跟着晁补之学写诗，渐渐地，他与小清照结成了忘年交，不问年龄，同为对诗词文章的热爱。对于李清照来说，晁补之亦师亦友，二人一同畅游在诗词的海洋里。

02　善于学习

"怼人高手"是现代人送李清照的外号，源自她的《词论》。《词论》是宋代词坛上第一篇词学专论，提出了"词别是一家"之说，强调曲调演唱。

其中评柳永词"词语尘下"，意思是俗不可耐；说张子野、沈唐等人是"破碎何足名家"，这些人虽偶有佳句，但整篇破碎，不能称之为名家；称欧阳修、晏殊、苏轼等人"不协音律"，此三人学究天人，填词本应很容易，奈何不通音律……

王安石、曾巩、晏几道、秦观、黄庭坚……词坛上的大家无一幸免，李清照把他们的短处全都拿到台面上来说，毫不留情，却唯独对老师晁补之尊敬有加。

尊师重道的道理，李清照还是懂的，除此之外，李清照《词论》表达的观点，与晁补之不谋而合，都强调音律，语言要清丽、通晓。

从李清照的词中，可见她善于向老师学习。善于学习者，未必得老师一笔一画地指点，而是从老师的诗词中借鉴，并超越之。

清照有："莫道不销魂，帘卷西风，人比黄花瘦。"而晁补之写有《洞仙歌》："醉犹倚柔柯，怯黄昏，这一点愁，须共花同瘦。"

清照有"惜春春去，几点催花雨。"而晁补之有"为何事、年年春恨，问花应会得。"

李清照写梅："吹箫人去玉楼空，肠断与谁同倚。一枝折得，人间天上，没个人堪寄。"晁补之写梅："便云收雨歇，瓶沈簪折雨无计。谩追梅。凭谁向说，只厌厌地。"

师徒一脉相传由此可见。

晁补之对李清照赞赏有加，经常把她的诗词拿给同僚欣赏。得大文豪晁补之首肯，李清照在北宋的文人圈想不火都难。

03　才力华赡

李清照的名气传开来，以至于"文章落纸，人争传之"。

"自少年便有诗名，才力华赡，逼近前辈。在士大夫中已不多得。若本朝妇人，当推文采第一。"同时期的文学家、音乐家王灼在《碧鸡漫志》中这样评价李清照。

王灼出身贫寒，学识渊博，却在仕途上失意，终生不得志，流浪江湖，过着寄人篱下、舞文弄墨的日子，也正是如此，王灼得以用全部身心潜心著述。著有《长相思》："来匆匆，去匆匆，短梦无凭春又空，难随郎马踪。山重重，水重重，飞絮流云西复东，音书何处通？"

《碧鸡漫志》是从音乐的角度入手，研究词调，品评北宋词人的风格流派。李清照就十分重视词的音乐性。这与王灼不谋而合。王灼对上古到唐代歌曲的演变进行了有力的论证，收集资料考证过唐代乐曲得名的缘由。如此较真而执着的王灼能欣赏李清照，给予她词作的高评价，可见李清照确实是当之无愧，亦为后人将她的词作谱成歌曲作铺垫。

"盖诗文分平侧，而歌词分五音，又分五声，又分六律，又分清浊轻重。"李清照认为诗文分平仄，词却要分五音：宫商角徵羽，又分五声：阴平、阳平、上、去、入，又分六律：黄钟、太簇、姑洗、蕤宾、夷则、无射，还要分发音的清、浊、轻、重。

将文学性与声韵融合，如此敏感的辨析力，让她的词更加有味："伤心枕上三更雨""草际鸣蛩，惊落梧桐""不如向、帘儿底下，听人笑语"……景物发出声音，词人在听，情感又融入景物之中。

16岁，李清照凭借《如梦令》引起北宋文人注意，少时成名，后作《双调忆王孙》等词。

17岁，作《如梦令·咏海棠》《浣溪沙》等词，佳句颇多，声名大振。

就在李清照声名鹊起之际，年仅25岁的宋哲宗因病崩，宋徽宗立。北宋的命运由此转向。

"宋徽宗的鹰"为人们所熟知，他独创的"瘦金体"书法独树一帜，琴棋书画样样精通，品竹调丝、吹弹歌舞亦是无所不能。他当皇帝，把江山社稷当儿戏。历史学家对他有一致性的评价："宋徽宗诸事皆能，独不能为君耳。"

宋徽宗做皇帝后，想调和新、旧两党的矛盾，任命温和的旧党韩忠彦和温和的新党曾布为宰相，希望以中道安定天下。

苏轼被朝廷召回，宰相韩忠彦举荐李格非，他们两人在祖上三代是世交。不过李格非拒绝了，仍旧做着礼部员外郎。

朝廷的动荡，亦牵动着李清照的命运。

此时，李清照饮酒赋诗，依旧是快活、自在的少女，不时将闺阁中的琐事写成词，率性而为。

04　小院闲窗

小院里，春景颇深，一树梨花分外引人目光。闺阁中的少女，就这般静静地坐着，看云出云归，暮色逼近，又一段韶光随之荏苒而逝。

春景在前，李清照又有佳作涌出：

浣溪沙·春景

小院闲窗春色深,重帘未卷影沉沉。倚楼无语理瑶琴。
远岫出云催薄暮,细风吹雨弄轻阴。梨花欲谢恐难禁。

此词描写闺房的闲情,独处时望着远处的峰峦,生出一丝伤春之情。把情寄于景之中,轻柔委婉、清新流丽。

淡淡的春愁,又何止清照有过。秦观亦有一阕《浣溪沙》,其中"自在飞花轻似梦,无边丝雨细如愁"最为深婉、幽渺。没有浓妆的重笔粉饰,有的只是对自然"漠漠轻寒"的细微感受,无限的感触都在"淡烟流水"里。

无一处重笔,却带来无限的淡愁。秦观亦是有竹堂的座上客,与清照父亲李格非往来,他们同为苏轼的学生,深受其影响。

《浣溪沙》,最早由唐人韩偓采用此调,原为唐教坊曲名,春秋越国美女西施在溪边浣纱,原本歌咏如此美妙的情景,后来被用作词牌名。此调音调美,非常适合用来倾诉情感,句式齐整,深受古往今来词家的喜欢。苏轼曾写过"谁道人生无再少?门前流水尚能西!休将白发唱黄鸡",为人们所熟知。

同作《浣溪沙》,却各有各的不同。诸葛忆兵评价李清照的这阕词:"以极其含蓄蕴藉的笔法,写伤春怀远的郁闷情怀。……全诗寓情于景,轻柔委婉、清新流丽。"

此阕《浣溪沙》是清照少女时所作。陈祖美云:"此首亦当作于清照待字汴京之时,且属少女怀春之什。"古时闺阁女子幽居于庭院深深的小院里,百无聊赖之际,看花不语。清照虽有父亲的有竹堂为伴,与满屋子的书籍为伴,写诗作词为伴,赏花饮酒为伴,却仍旧有闺阁女子的情丝。

李清照的父亲李格非也是,李格非的老师苏轼必然是。苏轼有《行香子》:"且陶陶,乐尽天真。几时归去,作个闲人。对一张琴,一壶酒,一溪云。"

清照皆有:闲时光、瑶琴和云。

她今日大概不想饮酒。只是弹琴,与自然相撞满怀。晚来下起的细雨,轻阴漠漠,拨动着她的情绪,仿若有双无形的手,轻轻拨弄着她的心扉、思绪,亦弹出一曲无声的小调,和着自然的曲,声声入耳,打在抚琴人的心上。

已清明之际,属于梨花万枝的时节已过,细雨的到来,预示着梨花的谢幕。

若梨花想要固执地留下,怕是不成。清照心知肚明,一个"恐"字了然于胸。

院子里总是静悄悄的,清照的父亲李格非官太学,只假期在家,即使李格非在家,也总是安心写作。

大抵还是年岁渐长,少女总怀春。闲来无事,常作闺阁之词,这首《浣溪沙》便是如此。

词人将女性特有的细腻、纤巧自然融入,词中的闺阁之情,并无重笔,有云卷云舒之势。此时的李清照,有父亲爱护,有家的温暖,有母亲的细心照顾,对汴京城里的风云变幻仍是懵懂无知,未曾有感同身受的深刻体验,只是略有耳闻。词中一抹淡淡的春愁,是那不忍离开枝头的梨花,那韶华易逝的时光……

另有一首《浣溪沙》写寒食日的即景之作:

淡荡春光寒食天,玉炉沉水袅残烟。梦回山枕隐花钿。
海燕未来人斗草,江梅已过柳生绵。黄昏疏雨湿秋千。

寒食清明之际,古人除了祭祀先祖,也会外出踏青郊游。

这一天,午睡后醒来,睡眼惺忪、散发倦容,头饰掉落在枕边,如此闲适的午后,词人静静地感受着:燕子外出许久仍旧未归,妇女和儿童正在院子里玩儿斗草,笑声不断。猜想江边的梅子已然成熟掉落,而柳树则生出柳絮随风飘扬,黄昏时分,下起了小雨,院子里那张经常戏耍的秋千被雨点打湿了。李清照眼前所见的景色仿佛都被赋予了情感和灵魂,正与她默默不得语中。

在景色中发呆,任由思绪飘荡。机缘来的时候,被李清照付诸笔端,落于洁白的纸上。

第四章
秋已暮、红稀香少

01 有女传业

少女李清照已生得亭亭玉立，随着父母生活在繁华的汴京，却有一隅幽静之所——有竹堂，她像自由的风，随性而为。时而与父母谈论诗文，时而与众堂兄弟姐妹玩耍，有堂兄李迥护她、疼她，时而与弟弟李远嬉戏，时而在自己的闺房里读读书、写写字、画会儿画，如若闷了，就出去散散心。

彼时的东京，虽说政治上有缺陷，经济文化却相当发达繁华，整个社会风气是开明的、宽松的、自由的，就连宵禁制度都解除了，体现在女性身上，便是不再将女子禁足在深闺大院里。

李清照喜欢游走在花花绿绿的东京城里，在熙攘的人流中，感受人间烟火气：进城的农民、叫卖的商贩、花红柳绿的酒楼、美味佳肴以及勾栏瓦舍里的杂剧、皮影戏、杂技等各种表演……历史学家陈寅恪曾惊叹于大宋王朝："华夏民族之文化，历数千载之演进，造极于赵宋之世。"

李清照是幸运的，她的幸福指数很高。

安静时的李清照，可以在父亲的书房坐一整天，外出时，李清照和寻常少女一样天真烂漫，充满好奇，对一切新鲜事物总想一探究竟。她的父亲鼓励她外出游玩，对她并不加以限制。在子女的教育上，李格非的孩子是娱乐与学业两不耽误。

李格非对李清照的学业非常满意，他认为清照的诗词习作已渐渐显现出"皎若太阳升朝霞，灼若芙蓉出绿波"的趋势。李清照14岁时写的诗词习作就能与时俱进，李格非看完，大加赞赏，和友人谈及清照的诗词习作，一点儿不避讳夸赞自己的女儿。

清代藏书家陈景云在《金石录》的条目下评价李清照的文"淋漓曲折，笔力不减乃翁"。用"中郎有女堪传业"的典故指出清照父女俩才华斐然。

"中郎"指东汉学者蔡邕，他曾做过左中郎将，被后人称为"蔡中郎"。蔡邕有个女儿叫蔡琰。这父女俩都很有学问，做得一手好文章。蔡琰，字文姬，她曾被匈奴掳去过，后又被曹操花重金赎回，她父亲的藏书古籍在战乱中流失，蔡文姬仅凭曾经读过的记忆就将其中400多篇默写出来，无一处错误，并将之送给同样爱护古籍的曹操。由此，"中郎有女堪传业"便流传开来。

将李清照比作蔡文姬，无疑是认可了李清照的才华。以后世眼光来看，李清照较蔡文姬更胜一筹。李清照十五六岁时便在继承诗词家传上，自有一番创新，具有独立名世的潜质。

02　两首和诗

李清照的才学不止在词上，有两首和诗亦在历史上留下一笔谈资。

一日，张耒读《大唐中兴颂》，生出许多感想来。这是唐时的元结在荆南做府幕，领兵镇守九江，八月时撰写的，记录了安禄山作乱、肃宗平乱、大唐中兴的史实。后来这篇文章被大书法家颜真卿刻于浯溪石崖上。

张耒心绪难平，联想到当朝的政治，于是提笔便写下《读中兴颂碑》，借此文来寄托北宋政治能够清明、安定，而不是像现在这样党政不断，你方唱罢我登场的愿望。

这首咏怀古迹的诗作一出来，便引得众多文人纷纷和诗，大家对诗中的元结和颜真卿也生出无限敬仰之情，和张耒一样，渴望一起做功臣，护国安民。

古代文人写完诗喜欢传阅，还会和诗。和诗就是再写一首，与原诗内容、情感是有关联的。李格非看到这首诗，把它拿给李清照看，他早就把17岁的女儿当做同道中人，喜欢与她谈论诗文、国事,从未因为她是女儿身,就不让她关注国家大事。

李清照读完,竟写了两首和诗:

浯溪中兴颂诗和张文潜二首

其一

五十年功如电扫,华清花柳咸阳草。
五坊供奉斗鸡儿,酒肉堆中不知老。
胡兵忽自天上来,逆胡亦是奸雄才。
勤政楼前走胡马,珠翠踏尽香尘埃。
何为出战辄披靡,传置荔枝多马死。
尧功舜德本如天,安用区区纪文字。
著碑铭德真陋哉,乃令神鬼磨山崖。
子仪光弼不自猜,天心悔祸人心开。
夏商有鉴当深戒,简策汗青今具在。
君不见当时张说最多机,虽生已被姚崇卖。

其二

君不见惊人废兴传天宝,中兴碑上今生草。
不知负国有奸雄,但说成功尊国老。
谁令妃子天上来,虢秦韩国皆天才。
花桑羯鼓玉方响,春风不敢生尘埃。
姓名谁复知安史,健儿猛将安眠死。
去天尺五抱瓮峰,峰头凿出开元字。
时移势去真可哀,奸人心丑深如崖。
西蜀万里尚能反,南内一闭何时开。
可怜孝德如天大,反使将军称好在。
呜呼,奴辈乃不能道辅国用事张后专,乃能念春荠长安作斤卖。

两首和诗中,诗人对安史之乱发生的深层次原因进行剖析,深度解剖唐王朝军队一败涂地的根源,直接抨击了唐明皇的腐化昏聩，对于谄媚误国的佞臣，诗人毫不手软，进行无情地鞭挞，历史的教训要总结，诗人借古讽今，希望北宋政府能看清形势，停止朝政的腐败以及官僚之间的尔虞我诈，劝诫朝廷以史为鉴。

一介女流李清照，作为闺阁中人，对时政能有如此清晰的认知并具有抨击时政的勇气，可敬可佩。而诗中对朝政深深地担忧，此种家国情怀，作为女性文学家更是鲜有。

居安当思危，这种担忧不无道理，后来历史的车轮滚滚向前，印证了李清照的担忧变成了无情的现实。李清照的命运也随之跌宕起伏。

一个17岁涉世未深的少女能有如此慧眼、学识和忧国忧民的情怀，实属难得。李格非看到女儿的诗，很是欣慰，这何尝不是他的担忧和心愿呢？

就连张耒都自叹不如，张耒不由得也对李清照刮目相看。一介女儿，面对他这样的前辈，可以做到不卑不亢，可以不念私情，其才学更是不必说，单单勇气就足以让人心生敬畏。

难怪乎明代陈弘绪在《寒夜录》中给予评价："奇气横溢，尝鼎一脔，已知为驼峰、麟脯矣。"

03　广结墨客

张耒，字文潜。《宋史·列传》有记载："耒独存，士人就学者众。"张耒的文风与苏辙接近，在当时的文坛上，苏轼、苏辙、黄庭坚、晁补之、秦观……这些大文豪相继离世后，就属张耒独领文坛，兴起文风，并将之发扬光大，为后辈传道授业也。

张耒亦是李格非和晁补之共同的好友，皆为苏轼的学士。《贺方回乐府序》云："文章之于人，有满心而发，肆口而成，不待思虑而工，不待雕琢而丽者，皆天理之自然，而情性之道也。"张耒认为作文章提倡平易、词达、直抒胸臆，反对奇简、曲晦、雕琢文辞。"汪洋冲淡，有一唱三叹之声"，这正是苏轼对张文潜的称誉。

晁补之在《题文潜诗册后》中写："君诗容易不著意，忽似春风开百花。""晚爱肥仙诗自然，何曾绣绘更雕镌。"杨万里在《读张文潜诗二首·其一》亦有高赞评价。

得这样大文豪的肯定,李清照又得一位良师益友。

张耒经常指点李清照的诗词习作,李清照从文学家身上汲取知识的营养,不断地丰盈自己,难得的是她还能在此基础上进行创新,有独属于自己的风格。

张耒写过《秋蕊香》的闺情词:

帘幕疏疏风透,一线香飘金兽。朱阑倚遍黄昏后,廊上月华如昼。

别离滋味浓于酒,著人瘦。此情不及墙东柳,春色年年如旧。

李清照亦写过一首闺情词《醉花阴》:

薄雾浓云愁永昼,瑞脑消金兽。佳节又重阳,玉枕纱厨,半夜凉初透。

东篱把酒黄昏后,有暗香盈袖。莫道不销魂,帘卷西风,人比黄花瘦。

诗词的创作,从模仿开始,借鉴的诗词有很多,用得好,会比原文精彩得多。同是写别离,张耒的修辞平淡直白,抒发了别离的滋味,善于运用文辞。而李清照则含蓄婉转得多,有着更丰富、细腻的感染力,最后"人比黄花瘦"更是传神,真是独一无二的雅唱,为历代所争诵。两人比较注重字句的配合,以优美的文字来营造意境。

李清照是个善于学习的人。不仅把父亲书房的藏书一一读完,更是与父亲结交的文人墨客保持精神上的交流。公元 1100 年 6 月,张耒由黄州通判改任兖州知州,经过樊口时,李格非送别张耒,两人还同游了马祈山灵岩寺,还在寺中法堂饮酒赋诗唱和。

后来,李格非去世后,张耒为他作墓志,其中提到李清照写诗的事情,云"长女能诗"。在李清照的眼中,张耒是亦师亦友的存在。

出入有竹堂的文人墨客，李清照从他们身上学习，而她所作的诗词也在他们之间竞相传阅，不知不觉间，李清照已然成为北宋文人中的一员，且属佼佼者。

04 水光山色

自古逢秋总寂寥。李清照的词中却是一幅绚烂夺目的秋景：

双调忆王孙·赏荷

湖上风来波浩渺，秋已暮、红稀香少。水光山色与人亲，说不尽、无穷好。
莲子已成荷叶老，清露洗、蘋花汀草。眠沙鸥鹭不回头，似也恨、人归早。

此阙词牌名又作《怨王孙》。周笃文有云："《怨王孙》，'怨'，当为'忆'，考此词之平仄韵式均同《忆王孙》，而与《怨王孙》迥异。"

南宋文学家周紫芝写过《忆王孙》：

梅子生时春渐老，红满地、落花谁扫。旧年池馆不归来，又绿尽、今年草。
思量千里乡关道，山共水、几时得到。杜鹃只解怨残春，也不管、人烦恼。

两阕词韵脚相同，平仄相同，可见如斯。

较之周紫芝的叹岁月逝去、感慨生命之悟，李清照的《忆王孙》却是不识愁滋味的妙龄少女献给大自然的赞美之曲。该词谋篇立意，颇具匠心。"水光山色与人亲"甚妙，明明是人亲近水光山色也。而其中滋味是"说不尽、无穷好"，意味深、情境悠。

下阕从鸥鹭的角度出发,"似也恨、人归早",妙趣横生,别有味道。少女一颗热情活泼、爽朗跃动的心跃然于词间。开阔的、积极的、乐观的精神,即使见到的是"秋已暮、红稀香少""莲子已成荷叶老",映射在心间的仍旧是迸发的勃勃生机,如青春般绚烂夺目。

难怪王阳明说:"天地生意,花草一般,何曾有善恶之分?子欲观花,则以花为善,以草为恶,如欲用草时,复以草为善矣。此等善恶,皆由汝心好恶所生。"

花草不分善恶,四季不分好坏,所不同的不过是人的心境。眼中所见,便是心上所见。

已是暮色之秋,或许它亦正在寻一位知己,它不愿留给世人"万里悲秋常作客""自是伤秋耿瘦影""无边落木萧萧下"的凄凉之景,更愿多一些"空山新雨后,天气晚来秋""水光山色与人亲"的可亲可爱。

然,大自然却从不缺知己。叔本华算一个。他说:"景物中的每一哪怕是最细微的变化——这些变化经由景物的位置、遮蔽、缩短或者加大了的距离、光线的分布、线条和空气透视等所造成——都通过其作用于人的眼睛而准确无误地显现出来,被我们准确地把握。"

印度有句俗语:"每一小粒稻米也会投下影子。"

秋之色倒映在少女清照的心间,便是"水光山色与人亲",有着说不尽的妙处所在,这不正是一个少女内在丰富而勃发的生命力吗?

李清照当然是大自然的知己,秋日下,水光山色的美,被捕捉、记录,便是一种心与心的交流,千年之后,这种交流依旧在。

卷二 小乔初嫁：倚门回首，却把青梅嗅

第一章
见有人来，和羞走

01　隔空共鸣

18岁，锦瑟年华，正是怀春的年纪。

清照的词，被东京城里的文人广为传阅。有些则传到了太学院，传到了赵明诚的手上。李迥和赵明诚是同窗好友，亦是李清照的堂兄。李迥自小与清照交好，十分欣赏她的才华，每得诗作，总是广为宣传。

李迥与赵明诚同在太学读书，逢着初一和十五放假，二人都喜欢去逛大相国寺。

大相国寺，位于北宋汴京的市中心，是一座处于红尘闹世中的寺庙，最庄严也最繁华，是文人雅士云集之地，也是皇帝祝寿、祈福、接见使臣的场所之一。由于临近码头，又是最热闹的交易市场，每月初一、初三、初八、十五和十六的日子会有庙会，琳琅满目的商品、各式各样的商铺、专门的书画交易市场……装点着大相国寺的繁华与兴盛。

赵明诚和李迥最喜欢去书画市场淘宝。赵明诚尤其喜欢书画碑帖和金石古董，经常在摊位上流连忘返，与店主讨价还价，不惜花重金购买。久而久之，年纪轻轻就得了一个美称："金石才子"。他在《金石录》序中写："余自少小喜从当世学士大夫访问前代金石刻词。"

赵明诚出生于官宦之家、书香门第，从小被书香浸染，读经诵史，又聪颖勤奋，成年后，考入"太学"。李格非做过他的老师，陈师道、米芾与他亦有交集。李迥经常把清照的诗词拿到太学炫耀，赵明诚早就读过李清照的诗词，与她心有戚戚焉，只恨无缘得以一见。

这次,赵明诚又和李迥逛庙会,只因李迥的那句"清照很喜欢逛庙会,说不定会遇上"。赵明诚在人海中搜索着,顾不上李迥笑话。此刻,他的心已不在金石上,而是殷切地期盼着,能够逢上他早已刻在心上的女子。

赵明诚不知道的是,他的大名亦早已入了李清照的心扉。

在有竹堂里,李清照常常听到"赵明诚如何如何"。他的名字有时候从李炯嘴里说出,有时听到陈师道、米芾谈起赵明诚。米芾就是闻名的书法家、画家,与苏轼相交甚好。陈师道是赵明诚的姨父,他对赵明诚赞不绝口,经常说这个外甥的奇闻轶事。

渐渐地,李清照对赵明诚略知一二:赵明诚是当朝吏部侍郎赵挺之的三儿子,他虽出身官宦之家,却没有官宦子弟的玩世不恭,行为端正、品性温良,九岁时就喜欢研究、收藏金石。

"金石"最早是在曾巩的《金石录》中提出,而正式提出"金石之学"要待到清代王鸣盛等人。北宋时期,欧阳修是金石学的开创者,写过《集古录》。欧阳修是曾巩的老师,可谓师生相互传授。金石学由考古学发展而来,研究古代铜器与石刻,重视铭文的著录考证,旨在证经补史,尤其是对其上的文字铭刻及拓片更为关注。

赵明诚痴心于金石,想要一生与古旧的书画碑帖、金石文物为伴,这独特的爱好让赵明诚少有才名。

赵明诚并非为了标新立异,他对金石是发自内心的热爱,就像李清照所写的诗词,同样是发自肺腑的情感。这种真挚的热爱与情感的真挚流露,让他们早已隔空共鸣、心生好感。

02 元宵灯会

这日,大相国寺的上元节灯会上,李清照和家人一同出游,漫步在热闹的街头,李清照的心早已放飞。

赵明诚和家人在流动的人海中观赏花灯,不知不觉,两家人偶遇。长辈们打着招呼,互相寒暄着,赵明诚怔怔地望着李清照:清秀的面容、姣好的容貌,一双眼睛好像会说话,只是它躲闪开了。简约且素雅的装扮,一股优雅的书香气息扑面而来,只一眼,赵明诚便确定无疑——这就是自己要共度一生的佳人。

李清照眼中的赵明诚如此俊朗,一身书卷气,比想象中还要超凡脱俗,她不敢多看,怕被发现,可又忍不住偷偷地看,她的小心脏"扑通扑通"雀跃起来,脸颊微微泛红,她想说点什么,问候过长辈后,好像被封印了一般,只是保持着微笑,不失礼节。

两家寒暄过后,挥手告辞,朝着相反的方向而去。在人山人海中,两个年轻男女的身影不由得都转身回望,目送彼此远去,消失不见。

赵明诚的心思又怎么能瞒得过家人呢?只是赵挺之是新派,李格非是守旧派,两家分属不同党派,之间常有明争暗斗。

难道是造化弄人、阴错阳差、有缘无分吗?

赵明诚不甘心。好在政治局势有所扭转,宋徽宗想撮合新旧两党,发话道:"新旧都好,我中立,而且志向坚定,连国号都叫'建中靖国'。"

真是天赐良机!赵明诚立马找到父亲说:"昨夜,我做了一个梦[①],很是不解。恳请父亲为儿答疑解惑。"

"你且说来。"

"梦记不真切了。倒是其中几句话未曾忘却:'言与司合,安上已脱,芝芙草拔。'父亲,这是什么意思呢?儿臣百思不得其解。"

"这有何难?言与司合是'词'字,安上已脱是'女'字,芝芙草拔是'之夫'二字。合起来就是'词女之夫'。"

赵明诚内心狂笑,表面却装着严肃的样子,询问道:"父亲的意思是我是'词女之夫'?也就是说,我要娶一个擅长作词的女子,可整个汴京城里会有才貌双全的女子吗?"

[①] 传说赵明诚做过一个梦,醒来后只记得三句话,其父为其解梦,说将来会娶此女为妻,后来果然如此。此事记录在《崇祯历城县志》卷十六:"明诚昼寝,梦诵一书,觉来惟忆三句云:'言与司合,安上已脱,芝芙草拔。'以告其父。其父为解曰:'言与司合是"词"字,安上已脱是"女"字,芝芙草拔是"之夫"二字,非谓汝为"词女之夫"乎。'后李翁以女女之,即易安也,果有文章。"

"李格非之女李清照不正是嘛。"赵挺之脱口而出。

偌大的汴京城里,谁还不知才女李清照啊。这小子,赵挺之顿时感到被儿子摆了一道。他暗自打着小算盘:他与李格非虽分属不同党派,但两人之间并无本质矛盾。赵挺之多年前和李格非的老师苏轼多有冲突,他经常从苏轼的诗文里面找诽谤皇帝的语句,弹劾苏轼,但已是陈年旧事。更何况眼下的李格非平步青云,李家是名门望族,若与李家结亲,政坛动荡,两家也好有个照应。

"那父亲……"

"瞧把你给急的。容为父好好考虑。"

赵挺之素来老谋深算,经过一番深思熟虑,他同意了这门婚事。

03 偶然一瞥

早春,天光丰盛。有竹堂里,谈笑声不时传来。

这一次,李格非没有安排李清照在场,事关她的婚事,他要先了解清楚。对于赵挺之,李格非虽与他有新旧派之别,却并非水火不容,两人并没有实质上的矛盾冲突,李格非私底下并不反感赵挺之,不过是各为其主。

赵挺之的大儿子和二儿子已有了较好的前途,他对小儿子赵明诚的前途没有那么上心,反而让赵明诚随性而为。此前,赵挺之阻止过小儿子,斥责他抄写苏东坡的词,试图让小儿子对仕途有畅想,可都失败了。赵明诚醉心于金石的研究,无心仕途,对党派之争也没什么想法,反而对苏轼和黄庭坚的诗文十分欣赏,经常抄录下来仔细研读,常与李迥一起探讨诗画,还与旧党宰相的儿子等人成为好友。

了解到这些,李格非打算再作考察。

会客厅聚了不少文人,大家相谈甚欢。其中就有赵明诚,是李迥带他来的。两位晚辈认真聆听长辈们的高谈阔论。李格非则暗中观察,暗自欢喜。

李清照见春光甚好,便在院子里荡秋千,此时,花园里开着几朵细细瘦瘦的花,青梅树刚结出小小果实。李清照玩儿得太尽兴了,身上的衣服都被汗水弄湿了,正想回房休息一会儿,却看见有个人影闪过,好像是……

是他!

天啦!自己这副模样,额头上还有汗珠,衣服有些凌乱,刚刚荡秋千时旁若无人,一副率真、活泼样,他来了多久了?都看到了吗?看到自己望着天空傻傻地发笑了吗?听到自己对着花儿说笑话了吗?怎么就不给点儿时间,好好装扮之后,再遇见他呢?

此刻,该怎么办?

李清照心中的小鹿慌乱至极,片刻之后,只好匆忙逃走,跑的时候,头上的发饰掉落,鞋子也跑没了。呀,怎么会这么狼狈啊!

等等——他还在看我吗?

少女的脚步不由得慢下来,走到门口时,忍不住转回身,倚在青梅树旁,假装嗅青梅,借此查看那个身影是否还在。

这就是怦然心动的感觉。

04　把青梅嗅

李清照回到闺房,来不及整理衣衫,铺开纸,拿起笔,蘸上墨水,提笔挥之:

点绛唇

蹴罢秋千,起来慵整纤纤手。露浓花瘦,薄汗轻衣透。

见客入来,袜刬金钗溜。和羞走,倚门回首,却把青梅嗅。

"客人"是赵明诚吗?

"当指赵明诚。他是由激赏李词,进而亟慕其人。为得睹'梦

中''词女'风采,明诚不难故诣李寓。"著名学者陈祖美先生在《中国诗苑英华·李清照卷》得此结论,给出的理由是:

"因为清照之父格非前不久还是太学的学官,当是赵明诚的上司或老师。明诚设法亲睹未婚妻淑姿,这是极有可能的。……而对于尚在议婚期间的少女清照来说,听到或猜到来'客'是未婚夫,其慌忙'和羞'走开,顺理成章。"

唐圭璋在《词学论丛·读李清照词札记》中提出质疑:"清照名门闺秀,少有诗名,亦不致不穿鞋而着袜行走。含羞迎笑,倚门回首,颇似市井妇女之行径,不类清照之为人。"

事实究竟如何,已无从得知。

对于李清照的人生,人们倾向于将之赋予美好,通过她留下的诗词给予美好的想象。不管"客人"是不是赵明诚,词中少女,在她如花的年龄,偶遇一位翩翩少年郎,泛起心上的丝丝涟漪,这种情愫,是每个少女都有过的。

天真烂漫的年纪,在自家院子里,只穿着袜子行走,与泥土、花草亲密接触,荡秋千,和煦的春光下,湿了薄衣,何其尽兴,何其随意,突然闯进的少年,能不惊得少女"袜刬金钗溜"吗?偏偏,那人影亦是自己心尖上的人啊,怎么能不假借倚门回首之际,故意嗅一嗅面前的青梅呢?

青梅常嗅,可那少年,却是不常见。偷偷看上一眼,少女的心思早已写在了娇羞的面容上了。

唐朝韩偓写过《偶见》:

"秋千打困解罗裙,指点醍醐索一尊。见客人来和笑走,手搓梅子映中门。"

李清照的词脱胎于此,却青出于蓝。

难怪乎明人钱允治《类编笺释续选草堂诗余》中评价"曲尽情惊"。沈际飞在《草堂诗余续集》中云:"片时意态,淫夷万变。美人则然,纸上何遽能尔?"

读罢此词,清照便以"倚门回首,却把青梅嗅"的少女形象留在历史的一页,栩栩如生、神态可掬,倾诉着待字闺中的少女色彩缤纷的内心世界。

第二章
徒要教郎比并看

01 喜结连理

雪的心里藏着一个春天,而李清照的心,难掩待嫁的喜悦。从父亲李格非处得知赵明诚来提亲的消息,李清照便对未来有了无限的憧憬。

一颗悬着的心终于落下。

面对眼前寒梅的含苞初绽,在白雪皑皑的世界里,唯有一树的寒梅点缀其间。她在向人们释放一个讯息:冬天来了,春天还会远吗?

赵明诚来了,憧憬着的琴瑟和鸣、伉俪情深的夫妻生活还会远吗?

李清照提笔写下:

渔家傲·春信[①]

雪里已知春信至,寒梅点缀琼枝腻。香脸半开娇旖旎,当庭际,玉人浴出新妆洗。

造化可能偏有意,故教明月玲珑地。共赏金尊沈绿蚁,莫辞醉,此花不与群花比。

[①] 对于该词的写作背景,大家各抒己见。陈祖美认为"写于词人出嫁前夕的咏蜡梅"。诸葛忆兵认为"比较舒畅欢快的作品,应该是她少女时代的创作"。刘瑜认为"作者在于通过咏梅花讴歌自己美好幸福的婚姻爱情"。

词意高雅、情意幽淡,从梅花的品格中,可见词人的风骨。

白雪皑皑中,一枝清瘦的寒梅,傲然绽放在枝头,晶莹剔透的冰雪,衬着梅花的皎洁高雅,轻轻地诉说:不久,春姑娘便翩然而至。

春信,立春的讯息。"天涯春信自如期,日暖莺啼又一时。"唐孙华的诗同样告诉我们:这是一个令人欢欣鼓舞的好消息。

"香脸半开"指含苞待放的花骨朵儿,又好似闺阁女子,如此妙语,惊哉。"玉人浴出新妆洗",容貌美的女子称"玉人",雪中梅若美人出浴后上了新妆,散发着芬芳,犹抱琵琶半遮面,让人沉迷。

"造化可能偏有意",感谢上天的垂青,让美人得以嫁给心爱之人。就像这雪中的梅花,受大自然的恩惠,芬芳袭人、娇美可爱,面对如此良辰美景,没有酒怎么能尽兴呢?一同举杯邀月,不要怕喝醉,即使喝醉又有什么关系呢?"此花不与群花比。"李清照就是李清照呀,世间独一无二的李清照。

公元1101年,正值18岁妙龄的李清照戴上了红盖头,坐上红花轿,前往赵府,与大她三岁、尚在太学院读书的赵明诚结为夫妇。一个是少时成名的才女,一个是有金石之才的俊郎,两人天作之合、喜结连理。

02 新婚燕尔

赵明诚与李清照的婚礼并不复杂、烦琐,宋朝的婚嫁仪式简约了不少,加上两家人素来简朴,不追求铺张奢华,据说李清照的聘礼并不要什么金银珠宝,而是书画词帖,这恰是赵明诚的珍爱收藏啊。

赵明诚双手奉上自己收藏的书画名帖,心想:这姑娘喜我所喜,深得我心啊!

而李清照想:这少年肯献上挚爱,可见待我之心。

当时,赵明诚还在太学院读书,每天上学读书,回家与李清照耳鬓厮磨。新婚的李清照过着幸福的小日子,每日读书、写词、吃酒、赏花……要是赵明诚在家陪她,她更是不亦乐乎。

宋朝都市有一道亮丽的风景:宋人以插花、簪花为时尚。"多插瓶花供宴坐,为渠消受一春闲。"就连北宋皇帝徽宗外出游玩时,都要"御裹小帽,簪花",头顶满园春色出门,那么朝中臣子们岂能不纷纷效仿呢:"春色何须羯鼓催?君王元日领春回,牡丹芍药蔷薇朵,都向千官帽上开。"苏东坡的头上插过牡丹,黄庭坚的头上插过黄菊。

老百姓更是跟风:"虽贫者亦戴花饮酒相乐……其价甚穹,妇人簇戴,多至七插。"不论贫贱,不论男女,都展示出对花的热爱,对美的钟情。宋朝人对美的追求是无止境的。

瞧瞧,大街上妇女们个个成了"花痴"也就罢了,就连为官的大臣官帽上都盛开芍药牡丹蔷薇花,这还真是个空前绝后的风雅朝代。

从《陈州牡丹记》中对于种花户的记载可知:"园户植花如种黍粟,动以顷计。"园户种花动辄以公顷起步,为培育不同品种,还发明了高超的嫁接技术。花农遍地开花,花商们也走街串巷,叫卖、吆喝。

在《东京梦华录》中有记载:"是月季春,万花烂漫,牡丹芍药,棣棠木香,种种上市。卖花者以马头竹篮铺排,歌叫之声,清奇可听。晴帘静院,晓幕高楼,宿酒未醒,好梦初觉,闻之莫不新愁易感,幽恨悬生,最一时之佳况。"有卖花担子,挑着春色,走街串巷,把盎然的生机送入千家万户。

"烧香点茶,挂画插花。四般闲事,不宜累家。"宋朝人的清闲时光都和花有关,赋予了花的芳香啊:你瞧,种各色花,不止种,还嫁接培育新品种;卖花、买花别有一番风情;日常生活中更少不了插花和簪花;没事再赏赏花、写写花,岂非人间快哉事。红梅、芍药、海棠、牡丹、月季、水仙、绣球花、映山红……一朵朵,一枝枝,花的时节,便是人间好时光。

李清照本就爱花,自然追随这股时尚:每每听到叫卖声,李清照便要丫鬟叫住花农,亲自挑选鲜花。看着花篮里排列整齐的、娇艳欲滴的花儿,争奇斗艳、含秀吐香,李清照根本挪不开目光,她喜欢一枝一枝地欣赏、把玩，挑选最好看的花儿带回家，用这些花儿装饰她与赵明诚的新家。

03 奴面花面

花朵上还留有晨曦的露珠儿，愈发娇艳动人。李清照不知不觉看呆住了。这么好看的花儿，要是夫君看到会作何感想呢？会不会认为我不如花美呢？

李清照胡乱猜着，把枝上一朵含苞的花戴在发髻间，照着镜子，左看看，右瞧瞧，痴痴地笑着，就连身后何时多了一个人影竟也未曾察觉。

"夫人好美啊！"赵明诚从李清照身后一把抱住他。

李清照转过身，问："那么，是花美，还是我美呢？"

"花美，人更美，人戴花，美上加美。"赵明诚是懂李清照的，愿意说小情话哄李清照开心。她开心，他便开心。赵明诚对于心爱的物和人都倍加呵护、珍惜。对金石如此，对清照亦如此。

新婚少妇一脸娇羞姿态。刚刚还是恣意妄为，转眼就变成一只乖巧、羞涩的小鹿。之后，李清照研墨写道：

减字木兰花

卖花担上，买得一枝春欲放。泪染轻匀，犹带彤霞晓露痕。
怕郎猜道，奴面不如花面好。云鬓斜簪，徒要教郎比并看。

"间巷荒淫之语，肆意落笔。"鸡蛋里挑骨头的王灼认为此词不够深刻，缺乏艺术美感。就像嫌弃冰糖葫芦的酸甜，却忘了酸甜正是冰糖葫芦的特色。新婚燕尔的甜蜜，正是眼下18岁少妇的真实写照：洋溢着青春的气息，和花一样的绚烂。

决不为了艺术而艺术。这就是李清照啊，随性而为，有感而发，才不会顾虑那么多呢。此时，正值李清照与赵明诚新婚甜蜜期。什么礼教啦，规矩啦，统统皆可抛。赵明诚都宠着她、惯着她、爱着她，旁人又好说什么呢？

"买得一枝春欲放"，对春的喜爱，愿意分享给喜爱的人。自古有之：南朝陆凯《赠范晔》："江南无所有，聊赠一枝春。"黄庭坚《刘邦直送早梅水仙花》："欲问江南近消息，喜君贻我一枝春。"清照将之赠明诚。

美好的婚姻生活，有《浮生六记》中，陈芸对沈复的"布衣菜饭，可乐终身"；有林徽因回答梁思成："答案很长，我得用一生去回答你，准备好听我的回答了吗？"

而李清照，愿意分享日常生活中的点点滴滴与心爱之人；愿意在平淡的现实中添一枝春的情趣与盎然。

如春，而至；如花，绽放；如情，随心。

读懂她的后人大有人在。梁乙真云："此种描写直接将少女情绪，和盘托出。"

"纵观全篇，笔法虚实相映……春花即是少女，少女即是春花，两个艺术形象融成一体。"侯健和吕智敏在《李清照诗词评注》中道。

天真美好的少女，就像鲜花一样，充满魅力、情趣，极富个性。

04 花神美人

自古女子如花、爱花，而才貌双全的女子钟情于花，更是别有情趣。

《红楼梦》中有金陵十二钗正钗，每一个人都有相对应的花。林黛玉是品性高洁的芙蓉花，"莫怨东风当自嗟"。黛玉的葬花之举与《葬花吟》——"侬今葬花人笑痴，他年葬侬知是谁？试看春残花渐落，便是红颜老死时"，更是将她的形象与品行推向高潮。湘云醉卧芍药丛，将她的率真、可爱展现得淋漓尽致。曹雪芹将海棠花赋予湘云，用"只恐夜深花睡去"来展现她的乐观、豁达。

而李清照，在宋朝，是一朵与众不同的花，亦是一个爱花之人。她所咏过的花有："不与群花比"的红梅、"自是花中第一流"

的桂花、"微风起,清芬酝藉,不减酴醾"的白菊……

有人说,李清照少女时代是一树桂花,青年时代是一朵瘦菊,晚年时期是一枝梅花。"以我观物,故物皆著我之色彩",以花去观清照,亦是如此。

不同年龄段,不同时期,对花的欣赏与歌颂,正是清照以对花的书写,来反射自己的人生、性情、梦想。

若只能用一种花来形容李清照,定然是桂花——自是花中第一流,李清照有这种清晰的自我认知,对桂花的欣赏,亦是对自我的肯定,那是一种敢于做自我的真实的力量。

第三章
梅定妒，菊应羞

01　夫妻情趣

　　如果说之前的李清照的胆量和底气，是她的父亲和家族赐给她的，那么婚后的自由、率真、自我，则是夫君赵明诚给予她的。这也难怪两人的伉俪情深、志趣相投，自古就被人们羡慕不已。

　　赵明诚在太学读书时期，李清照有时无聊，就想着法子寻开心、找乐趣。一日放学后，明诚回到家中，却不见妻子来迎接，正失落呢，忽听丫鬟来报，有一位太学学友正在书房里等候。

　　明诚正困惑呢，走进书房，果然有一位眉清目秀的少年坐着读书，只是此等翩翩公子，是谁呢？竟又有些眼熟，正不知所以时，只见那公子笑道："学兄该不会不记得小弟了吧？前几日我们还在一处读书呢。"

　　明诚仔细一看，哈哈大笑，原来是清照女扮男装逗他玩儿呢。他笑道："你我何止一处读书，还一处同枕共眠呢。"李清照扯掉头上的头巾，一头乌黑的长发披散开来，她走过来，拉起赵明诚的手，倾诉相思之情。

　　新婚燕尔，一日不见便如隔三秋。她满腹的相思，一见到他，便一股脑儿地涌了出来。当心心念念的人突然出现，谁又能忍住那种刻骨的爱意呢？

　　在一起的每一分、每一秒都是甜蜜的。

02　雪腻酥香

李清照写过一首《丑奴儿》，记录婚后生活：

　　晚来一阵风兼雨，洗尽炎光。理罢笙簧，却对菱花淡淡妆。
　　绛绡缕薄冰肌莹，雪腻酥香。笑语檀郎，今夜纱厨枕簟凉。

该词写夏日的雨后，一阵风雨带来丝丝的清凉，吹弹几支曲子后，李清照对着镜子化一个淡淡的妆，身上的纱衣非常轻薄，露出她洁白的肌肤，生出娇羞之态来，和夫君说什么好呢？

"绛绡缕"是宋朝女子一种透明的睡衣。宋朝女子的服饰相对开明，敢于袒露脖颈和前胸。李清照对自己的美格外自信，更是会穿衣打扮，面对"檀郎"，笑语。

"檀郎"是唐宋对男子的美称，原本指晋代一位叫潘岳的美男子，后人称为潘安，"貌似潘安"便是形容男子像潘安那般英俊潇洒。后来往往用"檀郎"泛指美男子。赵明诚就是李清照心目中的美男子。相当于说："郎君，今夜的竹席可真凉爽啊！"

言外之意，到了该就寝的时辰了。

此词被士大夫视做是"露骨之作"，如此香艳美词，使人浮想联翩，夏夜，撩拨夫君，风情无限，难登大雅之堂。这番露骨地描写年轻夫妻卿卿我我、柔情蜜语的情景，被认为不宜暴露在众目睽睽之下。

清朝王鹏运道："此阙词意肤浅，不类易安手笔。"

黄盛璋则为之辩解："清新浅近，并未违反她的创作风格，除了封建的观点以外，没有理由能说不是她的作品。"

"作长短句能曲折尽人意，轻巧尖新，姿态百出，闾巷荒淫之语，肆意落笔，自古缙绅之家能文妇女，未见如此无顾藉也。"从与李清照同时代人王灼的评语中可知，该阙并未违反清照的词风。

张觅评论此词:"这首词生动大胆、率直天真,李清照就这样,坦坦荡荡,将自己的幸福甜蜜尽数诉于笔端,并不惧人言。她就要活成自己想要的那个样子。"

若该词非李清照所写,而是出自其他仿写者,这不是更能证明李清照的才华与影响力吗?试想一下,清照写出闺阁女子的日常生活,如此香艳,充满情趣,其他女子纷纷效仿,展示女性特有的美,活出自我。这不就是李清照存在的意义吗?

不管人们是赞同还是反对,都在表达对清照的喜欢。反对者,极力维护清照的美好的形象;赞同者,则愿意接纳任何样子的李清照。

李清照6岁以前是在明水小镇长大,少了书香门第的约束,偶或透露出几分俏皮可爱、野性顽皮,又有什么关系呢?常把闺情揉进诗词之中,还流传千古,这种自然心性并不使人反感,反而多了些夫妻情趣、生活滋味。

李清照写词,不受拘束,唯一的原则就是真实,而真实恰恰是文学艺术的精髓。正因为做到的人寥寥无几,她才能够成为古今中外其中一名奇女子!

03 花中一流

屈原,是文学史上一颗璀璨的明珠。在屈原的《离骚》诗中,常用鲜花和香草来比喻君子的品行高洁,以佩戴香草来象征诗人的品德高尚。可是,为何偏偏遗漏了桂花呢?

李清照在咏桂花时,为桂花打抱不平。大诗人屈原可真是个无情的人啊,千不该、万不该遗忘了桂花。

那么,桂花究竟有多好呢?

花色浅黄、清幽宁静,形貌温顺而娇羞,不细看,无法窥探其真容。远远望去,只见绿叶难见花,独留浓香引人醉。性情如此疏离,远离尘世,从不用大红大绿的颜色去招摇。

它本就是花中第一流啊,何须与其他花去做无端的争比呢?

梅花见了，肯定会嫉妒它吧；菊花会觉得害羞，开得太迟。待到中秋佳节，花好月圆之时，开在画栏处的桂花，将整个院子充盈着幽幽的芬芳。何须多言，在李清照心中，桂花就是第一流的花：

鹧鸪天·桂花

暗淡轻黄体性柔，情疏迹远只香留。何须浅碧轻红色，自是花中第一流。

梅定妒，菊应羞，画栏开处冠中秋。骚人可煞无情思，何事当年不见收。

"画栏桂子，留香小待，提携影底。"宋代姜夔有桂花画栏的清雅绝伦。

《镜花缘》一书中，上官婉儿把牡丹、兰花、梅花、菊花、桂花等十二种花列为上等花，可作"十二师"，作为人的老师；又把茉莉、紫薇、山茶、碧桃、玫瑰……十二种列为中等花，是人的朋友；而凤仙、蔷薇、梨花、芙蓉、蓝菊、栀子、绣球、罂粟、秋海棠、夜来香等十二种，相当于人的奴婢，是下等花。

将花分出三六九等来未必妥当，可上官婉儿把桂花列为上等花，李清照应是深以为然的。桂花就色彩、体型上而言，的确不比牡丹、菊花，颜色也不多，可它"情疏迹远只香留"，不必做到完美无瑕，就是花中第一流。

桂花清淡雅致、淡泊名利，这与李清照习性相合。而同为才女的朱淑真却与李清照的命运大不相同。朱淑真，南宋才女，她出生时，李清照已经50岁了，不知她是否听过清照的大名，但后人喜欢把她们放在一起作对比。

倒不是非要比出谁高谁低，李清照的闪闪发光，亦挡不住朱淑真的熠熠生辉。朱淑真也写过桂花：

菩萨蛮·木樨

也无梅柳新标格，也无桃李妖娆色。一味恼人香，群花争敢当。

情知天上种。飘落深岩洞。不管月宫寒。将枝比并看。

桂花别名木樨花。这散发着淡淡馨香的木樨花，也走进了朱淑真的词中，她笔下的桂花，既没有梅柳的"新标格"，也没有桃李那般的妖娆色，有的只是幽香，让人无法忽视的香，单凭这点，其他的花怎么敢与桂花相争呢？更何况天上的广寒宫里亦有种植这桂花，嫦娥仙子也很喜欢，这天上、地上的桂花一样绝尘。

陈廷焯评价朱淑真的词风"风致之佳，情词之妙"，不输给易安，在陈廷焯看来，宋朝的妇人中，会作诗词的不少，其中"易安为冠，次则朱淑真，次则魏夫人也"。

两位大才女都叹桂花，咏叹的何尝不是如她们一般的女子呢？

04 桂花之咏

李清照对木樨花情有独钟，还写有《摊破浣溪沙》：

揉破黄金万点轻，剪成碧玉叶层层。风度精神如彦辅，大鲜明。

梅蕊重重何俗甚，丁香千结苦粗生。熏透愁人千里梦，却无情。

黄色的花蕊如揉破的黄金化成的万点娇黄，而桂花的叶子则似被剪成的碧玉，层层铺叠，两者交相辉映，呈现出来的精神风度如"彦辅"一样风流飘逸。

"彦辅"是乐广的字，他是西晋时的名士，虽出身寒门，却风流倜傥、柔中有刚，年少时就有美名傍身，有人称见到他，

"若披云雾而睹青天也",淡泊高雅的秉性让人敬佩。可见彦辅其人之气度,正如桂花"神姿郎彻",羡慕中又含而不露、隐而不发。

词人如此写,正是她将自己的主观感受投射到桂花和彦辅之中。"揉破黄金万点轻,剪成碧玉叶层层。"这一树的秋桂,呈现出轻盈娇态,其清新可人的俏模样实在叫人欢喜、令人沉醉。与朱熹对桂花的喜欢如出一辙:"叶密千层绿,花开万点黄。"而李清照运用的比喻更见其功力。

将桂花喻黄金、玉石,与清流名士彦辅相较之,还不足以表达出李清照对桂花的情深,又与梅花、丁香作比较。"梅蕊重重何俗甚,丁香千结苦粗生。"梅花"何俗甚",丁香又"苦粗生",梅花与丁香本也是花中的佼佼者,亦是清照生平所喜爱的花,其中梅花更是她歌咏的对象,此时,在桂花面前,它们也黯然失了色彩。

词人如此喜欢桂花,然而,木樨花却不解词人风情,偏偏要在半夜时分,无故惊扰清照的好梦,真是无情啊!最终,清照回归到自己的情丝上,越是喜爱之物,就越是纷扰繁多。这情绪起伏全都带有浓厚的主观色彩。

词的上阕运用比喻、对比写桂花贵而不俗、清雅自持的神韵,写出了形貌气质;下阕词人用梅花的"俗"与丁香的"苦"进行对比,衬托出桂花的香气浓郁。

这阕词无论在风格、用语,还是格调上,与李清照以往的作品都似有不同,而且还出现了典故的误记。有学者认为此词不似李清照所作,很多书籍也把它当作存疑作品。

晚年之际,仍旧是木樨花带给清照些许安慰,她拖着病怏怏的身子写下《摊破浣溪沙》:

病起萧萧两鬓华,卧看残月上窗纱。豆蔻连梢煎熟水,莫分茶。

枕上诗书闲处好,门前风景雨来佳。终日向人多酝藉，木犀花①。

病怏怏的身子，两鬓的白发，这倦怠的心，忽而因枕上的诗书，因门前的雨景，因酝酿中的木犀花，而有了些许慰藉。

仿若李清照生来就是一朵木犀花，在历史的长河里，持续地散发着悠久的清香。

① 木犀花：同木樨花。

第四章
一番风露晓妆新

01 一对痴人

二人的婚后生活，不止有夫妻间的小情趣，更有志同道合的幸福。

赵明诚喜欢金石，李清照亦是同道中人。他们一起痴迷于金石世界，一起去逛大相国寺，遇到喜欢的文物古董就与店家讨价还价，有时候不得不花大价钱买下心爱之物。他们在生活上可以勤俭，但面对心爱之物，甘愿付出钱财。

"赵、李族寒，素贫俭。每朔望谒告出，质衣，取半千钱，步入相国寺，市碑文果实归，相对展玩咀嚼，自谓葛天氏之民也。"出自《金石录后序》。"葛天氏之民"出自陶渊明的《五柳先生传》中。"葛天氏"是上古传说中古部落的帝王。那时候人民性格淳朴、生活悠闲。李清照借此来表达自己与夫君过着自得其乐的理想化生活。

彼时，赵明诚还是太学生，没有收入，他便与清照变卖家中金银珠宝，来换取金石之物。在《金石录后序》中，李清照曾写过，他们曾典当衣物，以此去买文物。

有一次，遇到南唐画家徐熙的《牡丹图》，两人爱不释手，无奈价格太高，反复征询店主，是否可以把画带回家欣赏几日，店主被他们折腾得没办法，又见他们是真的喜爱，才答应了。两人把画带回家，细细欣赏了两个晚上，才依依不舍地还给店家。

这段佳话被清照记载在册："后或见古今名人书画，一代奇器，亦复脱衣市易。尝记崇宁间，有人持徐熙《牡丹图》，求钱二十万。

当时虽贵家子弟，求二十万钱，岂易得耶？留信宿，计无所出而还之，夫妇相向惋怅者数日。"

徐熙以高雅自任，擅长画花木、禽鱼、蝉蝶、蔬果，有人说他"学穷造化，意出古今"。这夫妻二人竟因一幅《牡丹图》而惆怅数日，真乃古今一对痴人。

清照与明诚的婚后生活，物质上简朴，精神上却异常丰富，快乐无比。对于艺术的追求永无止境，常言道："人生得一知己足矣。"

而今，二人是知己，亦是夫妻，在每日的耳鬓厮磨中，既有诗和远方，也有寻常生活的温馨和美好。

明代江之淮曾在《古今女史》中叹道："自古夫妇擅朋友之胜，从来未有如李易安与赵德甫者，佳人才子，千古绝唱。"赵明诚，字德甫，清照与德甫的婚姻正应和了那句话：好的婚姻里，夫妻双方既是携手共进的合作者，亦是懂情趣、不断制造浪漫与幸福的情侣，夫妻既亲密无间，亦会尊重彼此个性，共同成长，一起勇往前行。

能在茫茫人海中遇见彼此，多么可遇而不可求啊！若李清照遇见的不是赵明诚，她满腹的才华会被扼杀在婚姻的囚笼中吗？

幸运的是这种假设不存在。它却发生在同为才女的朱淑真身上。

02 你侬我侬

朱淑真，南宋女词人，她出生在仕宦之家，小时候很聪慧，读书好，满腹才华，一生却因为爱情而郁郁寡欢。

其夫君是文法小吏，与她情不投，意不合，"鸥鹭鸳鸯作一池，须知羽翼不相宜"可知他们夫妻不和，无法心意相通，朱淑真抑郁不得终。更遗憾的是，传闻淑真离世后，她生前的文稿便被她父母付之一炬，仅有少量作品如《断肠集》《断肠词》幸运地遗留下来。关于朱淑真的生平，史料中没有确切的记录，只有一些传说在民间流传开来。

"观其笔意词语皆清婉……诚闺中之秀,女流之杰者也。"明代画家杜琼曾在朱淑真的《梅竹图》上这样题语,可见朱淑真的才华。

南宋有个叫魏仲恭的人,对朱淑真的才华十分仰慕,潜心将其残存作品辑录出版,亲自写了序言,开头便道:"比在武陵,见旅邸中好事者往往传颂朱淑真词,每茹听之,清新婉丽,蓄思含情,能道人意中事,岂泛泛所能及?未尝不一唱而三叹也!"

大抵因朱淑真写过大胆露骨的香艳词句:"但愿暂成人缱绻,不妨常任月朦胧""娇痴不怕人猜,和衣睡倒人怀"……坊间便有不少关于她的传闻:

"有妓致书于所欢,开缄无一字。先画一圈,次画一套圈,次连画数圈。次又画一圈,次画两圈,次画一圆圈,次画半圈,末画无数小圈。有好事者题一词于其上云:'相思欲寄从何寄,画个圈儿替。话在圈儿外,心在圈儿里。我密密加圈,你须密密知侬意。单圈儿是我,双圈儿是你。整圈儿是团圆,破圈儿是别离。还有那说不尽的相思,把一路圈儿圈到底。'"

这则《圈儿信》有很多版本,这是清代梁绍壬写在《两般秋雨庵随笔》中的一则。

有人考证这是朱淑真写给自己夫君的,信上无字,夫君觉得奇怪,在书脊夹缝中发现端倪,顿时哑然失笑。这则《圈儿信》把女子对男子的相思写尽,又颇有些俏皮可爱,夫君阅后,当即租船回去与女子相见,一诉衷肠。

至于是否真有此事,怕已无从考证。有不少词作,都是如此,比如下面两首《生查子》:

寒食不多时,几日东风恶。无绪倦寻芳,闲却秋千索。

玉减翠裙交,病怯罗衣薄。不忍卷帘看,寂寞梨花落。

年年玉镜台,梅蕊宫妆困。今岁未还家,怕见江南信。

　　酒从别后疏，泪向愁中尽。遥想楚云深，人远天涯近。

这两首《生查子》，有说是朱淑真所作，有说是李清照所作，不一而论。

貌美的才女多有传闻，她们的情感故事更为人们所津津乐道。夫妻间互赠词作，表达情感深厚的故事更易流传下来。

明代蒋一葵在《尧山堂外纪》中记载过关于"楷书四大家"之一赵孟頫的故事，赵孟頫想要纳妾，写了一首小词给管夫人："我为学士，你做夫人。岂不闻，陶学士有桃叶桃根，苏学士有朝云暮云。我便多娶几个吴姬越女何过分？你年纪已过四旬，只管占住玉堂春。"

年近五十岁的赵孟頫声称陶谷先生有纳妾，苏轼也有两个小妾，自己身为学士，纳妾没问题吧。何况"你"已经四十多岁了，正房的位置给"你"保住就行。

这在古代，倒也没有什么问题。可偏偏管夫人不干，她回道："你侬我侬，忒煞情多。情多处，热似火。把一块泥，捻一个你，塑一个我。将咱两个，一齐打破，用水调和。再捻一个你，再塑一个我。我泥中有你，你泥中有我。与你生同一个衾，死同一个椁。"

赵孟頫看后，大笑，如此情深义重，怎么忍心负了她呢？便终止了纳妾的想法，与管夫人白首不相离，传为佳话。

03　博戏之神

李清照作为人们心目中的偶像，才貌双全自是不必说，但若非得强加个"德艺双馨"的标签，面对这种美好而崇高的期待，李清照表示不接受。

《说文解字》："妇人，伏于人也。"女子的一言一行都必须服从男人，要求女子打扮端正整洁，要温柔大方、心灵手巧、任劳任怨，不要搬弄是非、大声说话等。

古代对女子要求的"三从四德",要求女子一辈子都要听男人的话,什么"妇容""妇言""妇功""妇德"此类对女子的诸多标准,李清照从不接受道德绑架,这些对她来说都是不存在的。她乐于听自己的话,顺从自己的心。

所谓人红是非多,尤其是在男人的社交圈里突然冒出一个才华绝不逊于他们的女子。同时代王灼就评论过当朝成名的词人,承认李清照是当朝第一大才女,说没见过李清照这样的大家闺秀,"闾巷荒淫之语,肆意落笔",言外之意,说她不守妇德。

按照当时的标准,李清照的确上不了《列女传》的名单榜,对此,她不屑一顾。她偏要饮酒、打马、作词……尤其是打马一事,在当时,连男人沾染上,都是不雅的事。

神奇的是,李清照打马从未输过,不仅有打马的天资,还写《打马图经序》。打马,古代一种博戏。因棋子称为"马",故名"打马",类似于今天的麻将。具体的规则已经失传了。

李清照开篇就传授经验:"慧则通,通则无所不达;专则精,精则无所不妙。"像李清照这样聪慧的人,知晓打马的道理,专心致志去做,做到极致,则没有赌不赢的。

李清照得意洋洋道:"予性喜博,凡所谓博者皆耽之,昼夜每忘寝食。但平生随多寡未尝不进者何?精而已。"

直言不讳道出:"我天生就喜欢博弈,凡是和博弈有关的,我都沉迷其中、无法自拔。忘了吃饭睡觉,不分昼夜。毫不夸大地说,我这一生不论赌多赌少,从来就没有输过,就是精通啊,没办法。"

"使千万世后,命辞打马,始自易安居士也。"最后,李清照还不忘告诉子孙后代:"命辞打马"这种博戏就是从她开始的。

宋朝的风韵,李清照的打马只是冰山一角。倒不见有文人批判她的博弈,总抓住她的"香艳之词"和"再嫁风波"谈论,看来自古八卦流传最广啊。

04　赏花之人

春日，汴京。

明光宫苑之处，朱红色的栏杆探出朵朵花儿，一看就是被精心呵护着。

赏花人如织，满怀着兴奋，脸上如花灿烂。

李清照和赵明诚在人海中游走，随着人流，目光追随着妖娆的花朵。

只见这种花儿，朵朵姿态柔美、淡雅挺立、精巧绝伦，如天然的美人，春风嫉妒她，明月为她皎洁，春天因她把脚步停留，春日素来百花盛开，她偏要在百花开后，留给人们无限的清新、自然。

朵朵花儿还开在东城边、南陌上，暖和和的阳光熏抚着，吸引游人的目光，只是这些花儿开败后，还有什么花儿可以继承如此芳华呢？

罢了，对着花儿，李清照和赵明诚举起金杯，将杯中美酒一饮而尽，管它夕阳西坠，管它筵上的残蜡将要燃尽！

此情此景，焉能不提笔抒之：

庆清朝·禁幄低张

禁幄低张，彤阑巧护，就中独占残春。容华淡伫，绰约俱见天真。待得群花过后，一番风露晓妆新。妖娆艳态，妒风笑月，长殢东君。

东城边，南陌上，正日烘池馆，竞走香轮。绮筵散日，谁人可继芳尘？更好明光宫殿，几枝先近日边匀。金尊倒，拚了尽烛，不管黄昏。

到底是什么花儿吸引着汴京城人的目光，引得李清照写下这首长调赏花词呢？有人认为是牡丹，有人认为是芍药，争论不休。

教授靳极苍认为从"禁幄低张，彤阑巧护，就中独占残春"中可确定为牡丹,不是高大的芍药。牡丹又在残春时盛开。李建勋也有"携觞邀客绕朱栏,肠断残春送牡丹"一句,正和"彤阑巧护,就中独占残春"相同,确定为咏牡丹花。

而黄墨谷则认为:"此词各本无题,细玩词意,有'就中独占残春',乃咏芍药之作。"他举邵雍的诗为例:"一声啼鴂画楼东,魏紫姚黄扫地空。多谢化工怜寂寞,尚留芍药殿春风。"

李清照喜花,对花十分了解,"容华淡伫,绰约俱见天真"更似在形容芍药。

俗语有:"谷雨三朝看牡丹,立夏三朝看芍药。"

而牡丹花早在唐代就风靡:诗人白居易有"花开花落二十日,一城之人皆若狂"之句,刘禹锡更有"唯有牡丹真国色,花开时节动京城"之叹。到了宋朝,牡丹花的种植以及赏花的风俗更盛。欧阳修在《洛阳牡丹记》描述:"洛阳之俗,大抵好花。春时城中无贵贱皆插花,虽负担者亦然。花开时,士庶竞为游遨,往往于古寺废宅有池台处为市,井张幄帟,笙歌之声相闻……至花落乃罢。"

汴京城里、皇帝的御花园里、东城边、南陌上,都有牡丹花也不足为奇。能够引得赏花人如织的花,多是牡丹花。

"待得群花过后,一番风露晓妆新。"身畔有良人,群花中,自是清照绰约天真。

"绮筵散日,谁人可继芳尘?"有明诚与清照心意相通,又何必在意散的那一日。恰似李白那句"人生得意须尽欢",李清照亦是"金尊倒",管它黄昏否。

卷三 被迫离京:雁字回时,月满西楼

第一章
未必明朝风不起

01　政坛动荡

政坛动荡，风波从未平息。

李清照成婚这一年，苏轼病逝了。李格非痛心不已，一代文宗的仙逝并没有阻止党乱之争。

当朝皇帝宋徽宗"本中和而立政"的想法很美好，现实却残酷无比：新旧两党不仅没有握手言和，反而争斗得愈演愈烈。宋徽宗便放弃了这个想法，改为实施新法。

这时，一个叫蔡京的人成功引起了宋徽宗的注意。蔡京，何许人也？北宋灭亡后，人们追究其原因，列出祸国殃民的贼人来，蔡京则是"六贼之首"。当时民间有歌谣唱道："打了桶（童贯），泼了菜（蔡京），便是人间好世界。"可见蔡京其人有多奸诈狡猾。

宋徽宗即位后，依附章惇的蔡京被罢官，留蔡京去做修史工作。蔡京得知童贯去杭州为宋徽宗收集名家书画、奇珍异宝，便四处收罗书画珍品，经由童贯之手，讨宋徽宗欢心，宋徽宗重新起用蔡京，韩忠彦被罢相，蔡京为尚书左丞。

蔡京上台后，打着新法的旗号无恶不作，明码标价卖官、巧立名目、增税加赋、搜刮民财，虽暂缓了北宋财政危机，满足了宋徽宗的奢侈需求，但他只顾眼前利益，消耗了大量的民力，加速了统治层的腐败，激化了社会矛盾。

这与当时王安石的变法初衷："兴利除弊、为国为民"背道而驰。

政治上，蔡京大肆打压元祐旧党人士，公元1102年9月，李格非作为旧党人士，被列为"元祐党籍"并被遣出京城。

《宋史·李格非传》中记载："提点京东路刑狱，以党籍罢。"当时规定："籍记元祐党人姓名，不得与差遣。"李格非只好携眷返归明水原籍。

李清照得知父亲被贬，即将出京城的消息，慌乱不已，她不能眼睁睁地看着父亲就这样离开，当初，是父亲将她带到东京城，如今，父亲年岁已高，经不起长途跋涉、奔波。

怎么办？李清照想到了公公赵挺之。

一边是被贬出京的父亲，一边是平步青云的公公赵挺之。

蔡京打压元祐旧党，同时不断提升新党人士，赵挺之就是其中一员，赵挺之升迁至尚书右丞，正是春风得意之时。李清照从未求过人，这一次，为了父亲，她不得不低下头，给赵挺之写了一首诗，言辞诚恳、饱含深情，希望公公可以救父亲。原诗散落，只留下一个断句："何况人间父子情。"

这句记载在南宋人张琰给李格非《洛阳名园记》作的序言中："文叔在元祐官太学。丁建中靖国，再用邪朋，窜为党人。女适赵相挺之子，亦能诗，上赵相救其父云：'何况人间父子情。'识者哀之。"记录了党派之争时，李清照为救父亲给公公写诗的事。

02 炙手可热

后来，李清照再次献诗赵挺之，这个时候，赵挺之正青云直上，深得徽宗之心，李清照仍记挂着流放在外的父亲，以此诗讽刺赵挺之，只一句留存下来："炙手可热心可寒。"

南宋著名目录学家、藏书家晁公武在《郡斋读书志》中云："其舅正夫相徽宗朝，李氏尝献诗曰：'炙手可热心可寒。'"《郡斋读书志》是最早关于提要内容的书，收入图书有1492部，尤其以唐代和北宋时的典籍最为完备。非常注重考订、有史料记载，内容有详有略。是现存的此类最早的私藏书目，极大地影响了后来的目录学，具有非常高的史料价值。

"炙手可热心可寒"是说，手一靠近就感觉烫，可心还是寒冷的。

"炙手可热"最早出自唐朝杜甫的《丽人行》："炙手可热势绝伦，慎莫近前丞相嗔。"杜甫的诗写的杨贵妃和其兄长当时权势显赫、生活奢侈、气焰嚣张，千万不要靠近，免得引火烧身。

李清照是想表达公公赵挺之现在位高权重、炙手可热，可以救父亲李格非，如若不肯出手援救，是让人心寒的事。

赵挺之伸出援助之手了吗？历史上没有明确记载。

关于赵挺之，《宋史·赵挺之传》记载，在他任德州通判时，"哲宗即位，赐士卒缗钱，郡守贪蠹不时给，卒怒噪，持白梃突入府。守趋避，左右尽走。挺之坐堂上，呼问状，立发库钱，而治其为首者，众即定。"宋哲宗在位时，给士兵们发钱，却被郡守贪污不想给，士兵们愤怒了，闯入府中，郡守和官吏都躲起来，是赵挺之站出来询问原因，给士兵们发钱，惩治了带头闹事的人，才安定了此事。

赵挺之，25岁中进士，担任过德州通判、秘阁校理、监察御史、中书舍人、给事中、吏部侍郎、御史中丞、尚书左丞。可见，赵挺之有其过人之处，做过一些为民为公的好事。他支持并推行王安石变法，与司马光、苏轼等站在了对立面。

苏轼评价赵挺之是一个聚敛钱财的小人，学识品行不可取。"挺之聚敛小人，学行无取，岂堪此选。"北宋太学生陈朝老有此评价："赵挺之之蠢愚。"元人评价："赵挺之为小官，薄有才具，熙宁新法之行，迎合用事，元祐更化，宜为诸贤鄙弃。"

综合评价，赵挺之是一位毁誉参半的人物。他同意赵明诚迎娶政敌之女，可见其并非顽固之人。他对李清照的请求作何打算呢？是视而不见、三缄其口，还是有所谋划呢？

03　明朝风起

见到李清照的诗，赵挺之生气是免不了的，位高权重的他，怎么也想不到儿媳会写诗给自己，还是这般咄咄逼人，被驳了面子，置之不理，也在情理之中。

或许，赵挺之与李格非私底下交谈过，言辞恳切，希望李格非弃暗投明，站到新党这一边，当前局势，皇帝徽宗倾向于哪一派，这是显而易见的。

想来以李格非的为人，会断然拒绝。也许他想到女儿李清照，有过那么一丝丝的犹豫，最终还是坚守住他做人的原则，保住他完整的人格。不被权势左右，不为眼前利益动心。

游记《洛阳名园记》中，李格非的呼声振聋发聩："且天下之治乱，候于洛阳之盛衰而知；洛阳之盛衰，候于园圃之废兴而得。则《名园记》之作，予岂徒然哉？"

天下是太平，还是动乱，从洛阳的兴衰可预知；而洛阳的兴衰，可从园林的兴废中看到征兆。这篇《洛阳名园记》难道是"我"白费笔墨之作吗？

显然，李格非又怎么会让自己从前的坚守付之一炬呢？

"呜呼！公卿大夫方进于朝，放乎一己之私以自为，而忘天下之治忽，欲退享此乐，得乎？唐之末路是已。"

眼下的朝廷，被提拔、重用的大臣们，为了自己的一己私欲，为所欲为，肆意谋害忠良，他李格非怎能与这些奸臣为伍呢？唐朝的前车之鉴，大家视而不见，等着吧……

50多岁的李格非何其痛心疾首啊！

在赵挺之看来，或许李格非的行为是迂腐的。所谓"识时务者为俊杰"，李格非偏偏就不识时务，自毁前程。

赵明诚有在父亲面前为李格非说过好话吗？在亲情与爱情、前途与人格面前，他有过挣扎吗？真相究竟如何，今人无从得知，我们能感受到的是李清照的寒心。

想到父亲曾经为自己遮风挡雨，任由自己吃酒戏耍，对自己的学业又是那般认真、严格，还破例让自己参与到文人雅士间的会谈中，自豪地把自己的诗词拿给前辈看……想起曾经的点点滴滴，李清照暗自神伤，如今，在父亲最需要帮助时，却什么都做不了。奈何一介女流，有心却无力。李清照的心中有一股挥之不散的烟云。

苦闷之际的李清照看见了院子里的梅花。梅花，素来是文人骚客的咏诵对象，李清照亦爱梅，写过不少咏梅佳作。或许，提笔写词可以缓解她的忧愁之情。一首《玉楼春》应运而生：

红酥肯放琼苞碎，探著南枝开遍未。不知酝藉几多香，但见包藏无限意。
道人憔悴春窗底，闷损阑干愁不倚。要来小酌便来休，未必明朝风不起。

04　前路漫漫

红梅花初放，宛如红色凝脂，嫩黄色的梅蕊，仿若温润的玉。试问，向着阳光绽放的这枝梅是否全开了呢？为了这寥寥的春色，不知酝酿了多久的幽香，肯定包含着无限的情意吧。今日有些憔悴，懒倚阑干，若要饮酒赏梅的话，快点来吧，谁知道明天是否会有一阵风突然袭来呢？

风起，花落，只剩下光秃秃的枝头，这种情景，谁受得了呢？

父亲即将落难，作为女儿的李清照又能做什么呢？求助无门，唯有将满腹的愁绪寄托给梅花和诗词。

"南枝初华发，北枝蕾懵懂。""南枝向暖北枝寒。"向着阳光的南边的枝头上已经有梅花初放，而靠北的枝上仍花蕾含苞。一树的梅花，尚有早开、晚开的境遇，更何况人生浮沉呢？

"未必明朝风不起。"政坛风云变幻无常，身处其中的李清照明白了这个道理。自然界的风飘忽不定、无法预测，朝廷的风向亦然。今朝，落难的是父亲，他日又不知会是谁。清照心累、心殇，无处可消愁。

魏同贤在《唐宋词鉴赏词典——唐·五代·北宋》一书中评价道："能得梅花之神自属上乘之作，这是不言而喻的，可此词的传神之句却又不仅仅是'要来'两句。……'几多香''无限意'，又将梅花盛开后所发的幽香、所呈的意态摄纳其中，精神饱满，亦可见词人的灵心慧思。"

清代朱彝尊把这首咏梅之作誉为"得此花之神"的佳作。写于宋徽宗崇宁前期，当时正处于新旧党争激烈之时，上阕写物，下阕抒情，既咏物，又叹己。词中借红梅展示出词人强烈的忧患意识远超常人。

有人读这首词时，认为李清照借对梅花未来的担忧来讽刺赵挺之的荣华不会长久，或许有这种深意在，或许没有。

总之，命运把李清照逼进低矮的门里，她用一阙梅花的词来重新抚平命运的褶皱。

关于《玉楼春》的创作背景，众说纷纭，莫衷一是。

在《清照词》中有这么一句话："这首词写于南宋初期，那时金人灭北宋，宋室南迁，李清照与丈夫南奔，不久赵明诚病逝。"

该书作者认为"这首词把红梅的美妙与主人公的憔悴作了强烈的、含有悲剧意味的对比"，这种对比，把女词人惆怅的心情与美好的春天形成对照，"这既合身世之感，也合国家之悲，情感深沉、复杂"。

似有几分道理。对于过往之云烟，无处考证，便会有主观的臆测，带有私人的情感。这使李清照在我们的眼中变得如梦如烟起来。

陈祖美曰："此首概作于崇宁三年（1104年），其旨当是：借对梅未来命运的关注，寄寓了作者本人因受党争株连，朝不保夕的身世之叹。"

笔者更倾向于写下"不知酝藉几多香，但见包藏无限意"的李清照，处在新婚的幸福中，忽闻父亲被贬，遣送出京，仍旧对父亲包藏着无限的情义，珍惜与父亲相处的每一分、每一秒。

"要来小酌便来休，未必明朝风不起。"明日之后，变故多生，谁也无法料到，不管是父亲，还是公公赵挺之，前路漫漫，又怎能不生出担忧？梅花的命运如此，人亦然。

第二章
才下眉头，却上心头

01　不理禁令

不幸中的万幸，李格非的罪责不算重，只是被遣回原籍。李清照不得已接受了残酷的命运。她更愿意去相信，相信与父亲相见会有时。

李清照在婆家的日子多了些苦闷，与公公赵挺之的见面略显尴尬，好在她有夫君，读书作诗、画画饮酒，倒也能安然度日。

后来，跋扈、专横的蔡京为排除异己，试图独揽大权，疯狂地清算旧党人士。蛊惑宋徽宗把309位旧党人士的名字刻在石碑上，立于德殿门外，这些官员有的被关押入狱，有的被贬官流放。朝廷还下令销毁司马光等人的画像，禁止所有人收藏苏轼、苏辙、黄庭坚、秦观等人的诗文书画、碑帖刻石。

这一纸令下，让文人墨客人心惶惶。

要知道北宋时期可是历史上的中国文化的丰盛时期，不管是文学、艺术，还是科技发展都是硕果累累、遥遥领先的。这个时期的官员谁肚子里没点儿墨水，谁不会写点儿诗词，谁不曾写得一手好字啊。

加上宋徽宗本人就是一个除了不会做皇帝，其他方面样样精通的文艺才子，他除了蹴鞠、骑马、射箭、茶艺、琴棋书画样样精通外，还很喜欢收藏名人字画，建立专门的机构保管字画，除此之外，还创立宫廷画院，培养一大批杰出的书画家：王希孟、张择端、李唐……

"徽宗皇帝天纵将圣，艺极于神。"可以说，徽宗是历史上公认的画家皇帝,在他的感染下,北宋刮起一股文艺之风。

像苏轼、苏辙、黄庭坚、秦观等人的字画,那可都是名家藏品啊,怎么能不让人心动呢?

让李清照稍感欣慰的是,赵明诚将禁令置之不理,依旧悄悄收藏苏轼和黄庭坚的书画作品。政坛上的风云变幻似乎与赵明诚无关,他只是沉浸在金石世界里。又或许他见多了父亲从政的事,对父亲的某些行为并不认同,可毕竟那是他的父亲,他也无可奈何,只能躲进金石的艺术中,加上天性的热爱,使得他愈发不关心政治。

只是世事不由他,公元1103年4月,赵挺之任中书侍郎,赵明诚结束学业生涯,开始出仕为官。

02 出仕为官

赵挺之有三个儿子,长子赵存诚与次子赵思诚都中过进士,出仕为官,有着光明的前途。《福建通志·人物志》中记载:"思诚与兄存诚相继成进士,弟明诚亦有学问。"

三子赵明诚也很有学问,他不是通过科举这条路走上仕途,而是荫补为官的。

宋朝选拔官员,除了通过科举考试,还有荫补这个制度。也就是说,宋朝的官员可以荫补自己的亲属或认可的人做官。只不过要申请报批,名额也是有限的。比如像赵挺之这样的宰相官级,可以推荐十个人做官。

赵明诚沾了父亲的光出仕为鸿胪寺少卿后,一直靠父母资助的小家就有了一份薪水,也算给清照撑起了一个家。有了赵明诚做依靠,李清照挺满足的,她盼着日子能越来越好。

赵明诚身为朝廷官员,因公务和官职调动,再加上经常要去寻访碑刻文物,不得不离开家,与李清照常有别离。赵明诚的世界越来越大,有了同事要应酬,有金石之乐趣,而李清照呢,离开了自由自在的娘家,来到备受束缚的婆家,唯一牵挂的夫君,常常不在家,她的世界在缩小。

同年 6 月,童贯、王厚率领的宋军与金人作战,一鼓作气收复湟州。这个大胜仗让宋徽宗大喜,当即奖赏百官,蔡京的官位也得到提升。

9 月,在蔡京的鼓动下,政坛再起风波:政府竟下令"宗室不得与元祐奸党子孙为婚姻",若已经定亲,则要退亲。

赵挺之并非宗室,因是朝廷重臣,其子赵明诚与李清照的婚姻略显尴尬,虽无法强行拆散两人,但李清照的处境却不太好。

偏偏赵明诚这段时间又外出寻访碑刻,《金石录后序》云:"后二年,出仕宦,便有饭蔬衣练,穷遐方绝域,尽天下古文奇字之志,日就月将,渐益堆积。"李清照后来在《金石录后序》写道,婚后第二年,赵明诚走上仕途,常跑到偏远之地收集天下的上古文字,日积月累,越积越多。

往昔的甜蜜时光一去不回,与夫君的小别,满腹的愁绪,唯有付诸笔端。

03 一种相思

面对这离别之愁绪,李清照写下千古名词《一剪梅》:

红藕香残玉簟秋。轻解罗裳,独上兰舟。云中谁寄锦书来?雁字回时,月满西楼。

花自飘零水自流。一种相思,两处闲愁。此情无计可消除,才下眉头,却上心头。

入秋后,万物悲凉,荷已残,没了往日的香气,冷滑如玉的竹席已不合时宜,独自一个人,轻轻解下罗绸外裳,独自上兰舟,往日那个陪伴左右的人,如今在远方。那一行行大雁排成"人"字往南归,心上的人儿呢,可曾寄来一纸相思?

清照怎么会不知道呢?花开花谢总有时,流水却一直流淌。草木荣枯,本是自然,可是这种离愁啊,要怎么排解呢?心上的人儿,挥之不散,是否他也在思她、念她呢?刚刚把这思念赶下眉头,忽而又上了心头,根本没有办法可以消除,只能任由它静静地流淌,流过她的心房,流向远方,流进心上人的心坎儿里。

明代李廷机《草堂诗余评林》卷二中云:"此词颇尽离别之情,语意超逸,令人醒目。"刘克庄、辛弃疾等名家都写过《一剪梅》,李清照的这首《一剪梅》是该词牌名中写得最好的。

彼时,人们将"一枝"称为"一剪"。"一剪梅",即"一枝梅花"。古代,相隔两地的人,会给对方赠送一枝梅花,来诉说相思之情。《荆州记》中记载着关于陆凯和范晔的故事:陆凯自江南,以梅花一枝寄长安与范晔,赠以诗曰:"折花逢驿使,寄与陇头人。江南无所有,聊赠一枝春。"

清代董文友也有《一剪梅》:

"惯得相携花下游,苏大风流,苏小风流。而今别况冷于秋,燕去南楼,人去西楼。

等闲平判十分愁。侬在心头,卿在眉头。少年心事总悠悠,一曲扬州,一梦苏州。"

"侬在心头,卿在眉头。""都来此事,眉间心上,无计相回避。""轮到相思没处辞,眉间露一丝。"相思人人有,唯李清照的相思最使人愁,"才下眉头,却上心头。"挥之不散的憔悴支离,无计可消除啊!

04　锦帕寄之

婚后不久,"徒要教郎比并看"的李清照少了些女儿娇羞姿态,不再是那个无忧无虑的天真少女。

离别的日子,使她的心蒙上一层淡淡的阴影。

《琅嬛记》中记载:"易安结缡未久,明诚即负笈远游。易安殊不忍别,觅锦帕书《一剪梅》词以送之。"

夫君远在外面逍遥,李清照想同去,却是无法,怎么能忍心别离呢,苦心找来锦帕写下《一剪梅》,派人送给赵明诚。

锦帕可是女子贴身物品,若是那未婚女子将锦帕送给男子,可视做定情信物,而少妇李清照给夫君送锦帕,那可就是说不尽的相思、道不尽的牵挂啊。

锦帕又是常用之物,把词作写在锦帕上,这种小心思,赵明诚见了,又怎么会无动于衷呢?怕是赶紧安排好事情,速速赶回家与清照相聚,倾诉同等的相思才可作罢。

这个故事虽美,却有不少心酸。

身处闺阁之中,会有滋生不少闺怨的诗句,王昌龄作《闺怨》道:"闺中少妇不知愁,春日凝妆上翠楼。忽见陌头杨柳色,悔教夫婿觅封侯。"

王昌龄诗中的闺中少妇从"不知愁"到"悔",仅仅只是一瞬。不知愁的少妇趁着春光,打扮得美美的,忽而看见柳色青青,这才追悔莫及,早知今日心里滋味,何苦当初劝夫君去拜相封侯呢?

过着新婚燕尔、两情相悦的日子,多好啊!

何必一定要荣华富贵呢?"不戚戚于贫贱,不汲汲于富贵。"李清照的心思,赵明诚懂吗?一起像新婚时那般醉心于名家字画、金石之趣中,那该多好啊!

能在安宁中坚守一份热爱,有一人白首不相离,那才是李清照想要的生活吧。

说到底,李清照喜欢自由自在地生活,就像少女时代的一次出游:

"常记溪亭日暮,沉醉不知归路。"

如今,她只能"轻解罗裳,独上兰舟",望着远方,期盼着锦书的到来,带来和她一样的相思,只是待到"雁字回时,月满西楼",她的相思"才下眉头,却上心头"。

第三章
帘卷西风，人比黄花瘦

01　多情多恼

自古相思最磨人。

王维写"愿君多采撷，此物最相思"，有人大胆猜测他"行到水穷处，坐看云起时"，何尝不是在观云思人呢？王维30几岁时丧妻，此后未曾娶妻，后半生在佛理和山水中寻求精神寄托，他自称"一悟寂为乐，此生闲有余"。"读之身世两忘，万念皆寂"是明代胡应麟读王维诗的感受。

"晓看天色暮看云，行也思君，坐也思君。"唐伯虎一天到晚都在想一个人，看到云在想她，坐着想她，走着想她，每分每秒都在想她。"赏心乐事共谁论？花下销魂，月下销魂。"曾经的那些美好画面，如走马灯一样一遍遍经过脑海，挥之不去。

若是相思碰上寒食节呢？东京城里，又是暮春时节，重重的门庭里，深深的院落中，草色又萋萋。往年那个走在身边的人，如今在何方？

等到黄昏，天色将晚，亦不见大雁的踪影。那心上的人啊，音讯全无，心中的绵绵不绝的幽恨又向谁去诉说呢？

都道多情人总是烦恼多，难以割舍，不知不觉夜深人静，院子里的秋千空荡荡的，万籁俱寂，一轮明月如往昔初斜，月光倾泻而下，洁白的梨花浸润在银色的月光中……

此情此景，李清照如实写下：

怨王孙·春暮

帝里春晚，重门深院。草绿阶前，暮天雁断。楼上远信谁传？恨绵绵。

多情自是多沾惹，难拚舍，又是寒食也。秋千巷陌，人静皎月初斜，浸梨花。

清代王士禛评："'皎月''梨花'本是平平，得一'浸'字，妙绝千古，与'月华如水浸宫殿'同工。"

李清照的词所用的都是寻常字眼，所见景物亦然，却能妙笔生花，常得佳句、妙句，叫人称奇。

月光"浸"着梨花，这满天的相思何尝不如月光浸着梨花般浸着李清照的心呢？

在安静的巷陌，人人入梦的夜晚，唯有她的相思铺满大地，唯有她的心扉，被赵明诚占据。

魏子安的《花月痕·第十五回诗》中云："多情自古空余恨，好梦由来最易醒。岂是拈花难解脱，可怜飞絮太飘零。"

唐代李益："从此无心爱良夜，任他明月下西楼。"

清代陆昶评："易安以词擅长，挥洒俊逸，亦能琢炼。最爱其'草绿阶前，暮天雁断'，极似唐人。"

自古鸿雁传书表相思，奈何"暮天雁断"，寒时又至，草色萋萋，秋千空荡，赏梨花的只有一人。

待何日，赵明诚归来同过寒食节，一同看草色萋萋，一同沉浸在月光中，同梨花一般脉脉不得语呢？

归期会有的，离别总无常。

02 被迫离京

比起在东京城想着远行的赵明诚，有一件事更牵动着李清照的心。

公元1103年9月，蔡京继续打压元祐党人，怂恿宋徽宗，故而朝廷又发布诏令：元祐子弟不得在京居住、做官，李清照为党派株连，被迫离开京城，返回家乡明水。

再回到明水，那个陪伴她童年的小镇，变化并不大，只是心境大不同。往日闲情逸致早已不复存在，取而代之的是数不清的闲愁。

之前在东京城，盼望着夫君归来，还时常能收到他的信，可以给他送去锦帕，而今，她在明水，他在东京城，他们何时会相见呢？

日子变得格外漫长。

到了重阳节这日，李清照独自一人提着酒壶来到东篱边的菊园，已经日暮西山，薄雾弥漫，云层浓密，有一股淡淡的香味袭来。

北宋的重阳节，从宫廷贵族到民间老百姓都要买菊、赏菊、饮菊、簪菊、咏菊、喝菊花酒，还点菊花灯、吃菊花糕点、用菊花装饰门窗、做菊糕互相赠送。

热闹非凡的景象，一家人欢度重阳节。

李清照想起去年的重阳节，不免心伤。赵明诚是如何度重阳呢？是和好友登高赋诗，还是在京城的家中与家人共度良宵，"遍插茱萸少一人"，唯独少了自己吗？

想着想着，李清照采摘了几枝菊花带回，插在花瓶里。

半夜，李清照从梦中醒来，一股凉凉的气息将全身浸透。不经意间看到花瓶中的菊花有些消瘦，却不知自己比菊花还要消瘦。不必问，不必说，自古相思使人瘦。

03　人比黄花

唯有书写可直抒心底的深情苦调，白皙的宣纸上，墨色流动着，毛笔"唰唰"地行走着：

醉花阴

薄雾浓云愁永昼，瑞脑销金兽。佳节又重阳，玉枕纱厨,半夜凉初透。

东篱把酒黄昏后,有暗香盈袖。莫道不销魂,帘卷西风,人比黄花瘦。

此等情丝定要告诉夫君赵明诚呀!

她的心就想离他近一些啊!没有他的日子,她过得有多凄惨呀!

李清照使人将词传给了在京城的赵明诚。赵明诚收到后研读再三,欣赏之余,有点儿自惭形秽,自己又何尝不想她呢?只是为何读她的词,倒觉得她的相思比自己的重、深呢?

赵明诚不服气啊:难道自己当真比不上夫人之才吗?莫非自己的思念不及她的厚重吗?

不行不行。总有人明着暗着夸夫人,夸自己有福气娶了个大才女。想自己也是漫读诗书的,怎么会比不上夫人呢?

赵明诚偏不信邪,他把自己关在书房了三天三夜,谢绝客来,苦思冥想,终于写了五十阕词,望着书桌上满满的"杰作",赵明诚喜不自胜:总有一阕可以打败夫人吧。

为公平起见,赵明诚把自己写的这些词和夫人的《醉花阴》打乱放在一起,给好朋友陆德夫品评。

这件事被元代伊世珍记录在《琅嬛记》卷中引《外传》中:"易安以《重阳·醉花阴》词函致明诚。明诚叹赏,自愧弗逮,务欲胜之。一切谢客,忘食忘寝者三日夜,得五十阕,杂易安作,以示友人陆德夫。德夫玩之再三,曰:'只三句绝佳。'明诚诘之。答曰:'莫道不销魂,帘卷西风,人比黄花瘦。'正易安作也。"

陆德夫看了又看,说:"只有三句最好。"

明诚就问哪三句。

答案一目了然:"'莫道不销魂,帘卷西风,人比黄花瘦'这三句正是清照所作。"

赵明诚这才承认夫人的文采更胜一筹。同受相思之苦,夫人能写出相思的愁绪,一下子击中赵明诚的心扉。他多渴望清照可以早日回京与他团聚啊!奈何两人只能书信往来,互诉相思。

赵明诚的50首词一首也没有流传下来，倒是这个小故事被记载在册，颇有意味。

这个故事再一次印证了李清照的艺术技巧是高人一等的，她的大名在北宋士大夫中如雷贯耳。赵明诚明显感到有了压力。

自古女子胜于夫君，不免会被外人传出闲话。李清照很有智慧，她知道丈夫希望看到的自己是什么样子的——一个弱不禁风、相思成疾的闺阁美人的形象。

04 得名三瘦

"作者用'人比黄花瘦'，婉转传神，语创绝妙，历代争诵。"柯宝成评《醉花阴》这首小令是李清照的代表词作之一。

明代杨慎则用"凄语，怨而不怒"来评末两句。

"幽细凄清，声情双绝。"清代许宝善道。

人与黄花比瘦，这等巧妙之语，与之前"绿肥红瘦"各有精彩。只"瘦"字的运用，李清照并非独一无二。

"人比梅花瘦几分""天还知道，和天也瘦""人共博山烟瘦""比梅花，瘦几分"……

夏承焘在《唐宋词欣赏》中评该词："这首词末了一个'瘦'字，归结全首的情意，上面种种景物描写，都是为了表达这点精神，因而它的确称得上是'词眼'。以炼字来说，李清照另有《如梦令》'绿肥红瘦'之句，为人所传诵。这里她说的'人比黄花瘦'一句，也是前人未曾说过的，有她突出的创造性。"

后来，李清照还写过"新来瘦，非干病酒，不是悲秋"，此前写过"露浓花瘦，薄汗轻衣透"，可见对"瘦"字情有独钟。何止李清照，自古文人爱"瘦"：

"竹影和诗瘦，梅花入梦香。可怜今夜月，不肯下西厢。"诗人王庭筠的心是有多清高雅致啊！

久未相见，若是见面后，发现对方瘦了，那心情——清代蒋士铨一一道出："见面怜清瘦，呼儿问苦辛。低徊愧人子，不敢叹风尘。"

"古道西风瘦马。夕阳西下，断肠人在天涯。"

"水清月冷,香消影瘦,人立黄昏。"

"林枯山瘦失颜色,我意岂能无寂寞。"

花可以瘦,月可以瘦,云会瘦,马会瘦……万物皆可瘦。"瘦"表现在程度上,"浓缩就是精华""凝练";"瘦"表现在审美上,且"瘦"逐步成为一种独特的审美,就是一种艺术风格:气质峭健、风格刚劲、古淡劲瘦、俊逸清瘦……

宋徽宗赵佶创"瘦金体",书法形体挺瘦秀润、锋芒尽露、引人注目;杜甫提出"书贵瘦硬方通神"之说,书法要写出瘦硬的感觉,线条要有骨力;郑板桥擅长画竹,所画之竹"盖竹之体,瘦劲孤高,枝枝傲雪,节节干霄",以竹自喻,他曾自述:"四十年来画竹枝,日间挥写夜间思,冗繁削尽留清瘦,画到生时是熟时。"

南宋赵蕃写诗喜欢用"诗瘦""语瘦""竹瘦""梅瘦""石瘦"……来表现诗人的俊逸清瘦的人品气节。"定自知侬坐诗瘦,故令空雾作漫漫。""怪来诗语瘦,良欠酒杯宽。"宋代诗人写诗常从大自然中汲取,以自然入诗,但由于诗人所见之景太美,无法尽收诗中,才有了"诗瘦""语瘦"之说。

在园林艺术中,也有关于瘦的审美,以瘦来凸显山石的精神,要求符合"透、瘦、皱、漏"这一审美原则。

李清照钟情于"瘦"字气节,人们送给她一个雅号"李三瘦",因其"绿肥红瘦""人比黄花瘦""新来瘦"而得名,给词坛留下了传诵千古的名句。

傅庚生先生《中国文学欣赏举隅》云:"易安尤工用一'瘦'字",因此"师张先取名'三影'之意,目之曰'李三瘦'。"

"三瘦"词句各不同,一写伤春,一抒离别之愁,一诉独处时的孤寂,同为瘦,各不同,意境极美、余味悠长。自然不止这三瘦,还有"渐秋阑、雪清玉瘦""鹤瘦松青"……婉美灵秀、质朴淡雅,同样俱妙,各得其宜,不愧为写词高手,独具匠心。

难怪乎清代王初桐发出如此感慨:"帘卷西风重九时,销魂第一李娘词。"

李清照是个瘦美人,又是惜花爱花之人,更是文学史上"瘦"之审美的代表。

第四章
牵牛织女，莫是离中

01 梅蕊宫妆

相思使人销魂，纵然"诗万首，酒千觞"，亦不解相思。一阕《生查子》：

> 年年玉镜台，梅蕊宫妆困。今岁未还家，怕见江南信。
> 酒从别后疏，泪向愁中尽。遥想楚云深，人远天涯近。

对着镜子，化好看的梅花妆，却是无人欣赏，无人打趣。今年仍旧无法回家，害怕见到从京城传来的书信。日日饮酒，甚是无趣，这泪水流尽，又何以解忧愁呢？

这朝朝暮暮记挂着他的心啊，怎堪他所在的地方比天涯更远呢？

"梅蕊宫妆"指梅花妆。因古代贵族妇女在眉心间画五瓣梅花而得名。牛峤写过："凤钗低袅翠鬟上，落梅妆。"晏几道写过："睡损梅妆，红泪今春第一行。"

关于梅花妆容，还有个有趣的故事：有一日，宋武帝的女儿寿阳公主，卧在屋檐下，梅花飘落下来，落在她的身上、脸上、额头上，额头上的那朵五瓣梅花，怎么都拂拭不去，过了三日后，才洗去。宫女们见此事甚是奇妙，又见那梅花点缀在额头上甚是美丽，便也学寿阳公主，纷纷效仿，慢慢地就形成了梅花妆。

可见古代女子对于梅花妆的喜爱，只可惜，如此好看的梅花妆，因无人欣赏，整个人倦倦的，相见无期的愁情，那比天涯还远的人儿，这满腹的心酸更与何人说呢？

难怪明代赵世杰发出如此感慨："曲尽无聊之况，是至情，是至语。"

"此词用简笔勾勒，不事雕琢，如同绘画只用墨线淡描，不敷色、无渲染的白描手法。以简驭繁，以少总多，给人以充分想象联想的余地。"徐北文等人在济南出版社出版的《李清照全集评注》中道。

北宋画家李公麟就是一个擅长白描的人，他的"白描"画法，单纯地使用线条和浓淡的墨色描绘。他的作品"扫去粉黛、淡毫清墨"，"不施丹青，而光彩照人"。《五马图》为传世佳作，用的就是白描手法画出毛色各异、姿态不同、各具美名的马匹。

当这种写法用在诗词上，别具美感、令人遐想。

值得一提的是，《生查子》的作者有争议，或曰李清照词，或曰朱淑真词，属于李清照的存疑作品。杨金本《草堂诗余》等中收选为李清照词，而在元朝杨朝英的《乐府新编》等作中是作为朱淑真的词入选的。

还有不少词作属存疑篇，这一情况实属正常，会标注出。

02　牵牛织女

牵牛织女的故事，家喻户晓。

这段传说中的神话故事，《月令广义》中记录："天河之东，有织女，天帝之女也。年年机杼劳役，织成云锦天衣。天帝怜其独处，许嫁河西牵牛郎。嫁后遂废织纴。天帝怒，责令归河东。许一年一度相会。"

引用牵牛织女的诗词很多：

"天街夜色凉如水，卧看牵牛织女星。"

"柔情似水，佳期如梦，忍顾鹊桥归路！两情若是久长时，又岂在朝朝暮暮。"

"月下金牛红线牵,牵牛织女共婵娟。结成比目得佳配,愿做鸳鸯不做仙。"

"君不见女儿七夕卧看星,夜半窃听私语声。恋复恋兮诉心曲,欢复欢兮恨天明。自古伤离别,最怕久别异心生。不能长相守,相思意难平。"

两地分而居住的人,牛郎和织女经常被提及,来倾诉无法长相守、相思意难平的心境。李清照的"意难平"中多了些不同之处。她写给赵明诚的词不仅有相思、别离之愁,也有《行香子·七夕》这种"讥切时政"的双调小令:

草际鸣蛩,惊落梧桐。正人间、天上愁浓。云阶月地,关锁千重。纵浮槎来,浮槎去,不相逢。

星桥鹊驾,经年才见,想离情、别恨难穷。牵牛织女,莫是离中。甚霎儿晴,霎儿雨,霎儿风。

这一夜,正是七夕,本是牛郎织女相会的美好日子。

清照想到自己与夫君正别离,不知道重逢是几时。此时,秋已凉,夜已深,草丛里传来蟋蟀的叫声,这本是寻常一幕,李清照却用"惊落梧桐",一片梧桐叶仿若受了惊吓,飘飘然落下。和温庭筠的"梧桐树,三更雨,不道离情正苦"相比,李清照的联想一定更多。如此细腻敏感的内心,共情于自然界的一草一木,捕捉到它们的瞬息万变。

"浮槎"是一种传说中专门往来于海上和天河之间的特殊的木筏。

张华的《博物志》:"旧说云,天河与海通,近世有人居海渚者,年年八月有浮槎去来,不失期,人有奇志,立飞阁于槎上,多赍粮,乘槎而去。十余日中犹观星月日辰,自后茫茫忽忽亦不觉昼夜。"

后来,人们把"八月槎"借喻如期来往的船。

每年的七夕之日,正是牛郎和织女相会的日子,可是来来往往的船筏,没有一只可以让李清照与赵明诚相逢。

也有传说牛郎和织女相见是靠喜鹊搭成的鹊桥。《风俗通义》有记载："织女七夕当渡河，使鹊为桥。"

喜鹊架起星桥以渡牛郎和织女相会，这样的情景，一年才能见到一次。这朝朝暮暮的相思又岂能在这一日诉说殆尽呢？更何况这天空一会儿晴，一会儿雨，一会儿风，阴晴不定、无法预测，这更加剧了他们相聚的难度，简直悲上加悲、愁上加愁。

李清照与赵明诚明明深爱彼此，志趣相投，本可朝朝暮暮地相守相伴，如今却因政坛风云而不得已分居两地。

这朝廷也是一会儿晴，一会儿雨，一会儿风，只两三年间，风云变幻，陈祖美说这两三年："当时廷争之情景，活像被人荡来荡去的秋千，又酷似儿童玩儿的跷跷板。此词当是有感于这种政治上的跷跷板运动而作。"

03 父亲离世

朝廷的纷争不似儿童玩儿的跷跷板那样简单，它牵动文武百官和其家眷的命运，李清照只是其中一人。

公元1105年3月，赵挺之为尚书右仆射兼中书侍郎，与蔡京同为宰相，两人经常争权夺利。

蔡京仗着自己是徽宗的宠臣，变得更加贪婪，明明已有俸禄，偏又瞒着徽宗首创一个什么官职来重复领取俸禄，做得极其巧妙、隐蔽。

本是国家太平，国库充盈，可因为蔡京和徽宗的挥霍，之前积累的财富日渐减少。宋徽宗想大举宴会，想用玉杯玉盘，又怕大臣说他铺张浪费。蔡京就道："皇上你大胆用吧。臣去过契丹，他们都用玉杯玉盘，一点儿都不奢侈浪费。"

可宋徽宗还是担忧："先帝很节约，朕还是怕大臣说闲话啊。"

蔡京则道："皇上，您这样做合情合理，怕什么闲话呢？皇上本来就是要享受天下财物，区区玉器算什么呢？"

北宋的皇帝大多爱民如子，不主张铺张浪费。开国皇帝赵匡胤的衣服经常"缝缝补补又三年"，就连吃羊肝都要再三考虑，宫里所用的物品都是便宜的，但他对大臣却很大方。宋仁宗赵祯也是厉行节俭，不讲究吃喝，一天半夜批阅奏折饿了，想喝羊肉汤，却拼命忍住了。皇后却不理解，宋仁宗道："不能因为我一时之念，而耗费钱财。"

先帝们如此节约，难怪宋徽宗有所顾念，蔡京则是一个察言观色的小人，故意那样说，怂恿皇帝铺张浪费，后续更是一发不可收拾，这才导致国力充盈的北宋人民起义不断，最终被金国所灭。

为了一己私欲，不顾国家安危，这种的奸臣当道，北宋如何安好？

赵挺之看在眼里，急在心上，多次向宋徽宗陈述蔡京的奸恶。

宋徽宗对蔡京的种种恶行有所耳闻，对蔡京有所不满。

同年6月，赵挺之对蔡京有所忌惮，为了避免被蔡京陷害，便故意称病辞掉右仆射之职。

宋徽宗是懂平衡之术的，任用赵挺之，赐给赵家宅院，加封他的三个儿子，到了10月时，赵明诚和两个兄长都当朝为官。

赵家深受皇恩，只是李清照仍旧在明水，无法回京与家人团聚。

到了公元1106年正月，天上出现一颗彗星，宋徽宗认为这颗彗星的出现是对蔡京乱政的警告，就大赦天下，下令废除之前蔡京定下的各种律令，毁掉了《元祐党籍碑》，当着文武百官的面罢免了蔡京。

随后，宋徽宗召见赵挺之，告诉他："蔡京确实罪不可赦，像你说的那样。"之后，赵挺之再度为宰相。

遗憾的是，这一刻对于李格非来说太迟了。

李格非潜心作文章，做官两袖清风，做人正直诚实，对女儿李清照的教育自由民主，培养一代词人李清照，给后人留下《洛阳名园记》，他对国家安危的忧思警醒着后人。

04 重返东京

李格非无缘回到京城，但他的女儿李清照得以返回繁华的汴京，与赵明诚团聚。

东京城依旧繁华，车水马龙，看上去国泰民安，只是李清照早已不似从前。

回京后的李清照，写《满庭芳》，借梅花来表达孤高清傲、不同流俗的品性："难言处，良宵淡月，疏影尚风流。"梅花总免不得暴风雨的侵袭、侵凌，显得弱不禁风，李清照见了十分怜惜，可即便如此，梅花依旧是那么风韵超群，而她，和梅花一样，对于朝廷的纷争，她改变不了什么，但可以保持情操，不受其左右，不被其摧毁，李清照始终是李清照，不改初心。

同样的，在《多丽·咏白菊》中，李清照写道："……莫将比拟未新奇。细看取、屈平陶令，风韵正相宜。微风起，清芬酝藉，不减酴醾。……纵爱惜、不知从此，留得几多时。人情好，何须更忆，泽畔东篱。"

梅和菊是清照的偏爱。清照赞颂了白菊的容颜、风韵、香味、气质、精神，以此来反映自己的高洁的心志、端正的品格。她在白菊身上看到的正是自己。正如博尔赫斯所说"你是云、是海、是忘却，你也是你曾经失去的每一个自己。"

李清照笔下的每一枝梅花、每一朵白菊，都是她自己。

长夜里，被风雨无情摧残的白菊，不与任何花比，只愿将白菊和屈原、陶公放在一起，因为他们同样孤傲高洁。秋日将尽，白菊愈发清瘦，你看她忧愁凝聚，纵然日益憔悴、芳容渐失，清风中仍旧有她的幽香。

世人啊，何必去追忆陶渊明的菊，不如怜惜眼前的白菊吧。

卷四 闲居青州：多少事，欲说还休

第一章
归来也，著意过今春

01　莫负春光

重返东京城，李清照心情复杂。

她乐意保持初心，仍旧过着往昔的甜蜜生活，只是心里多了些忧伤。不管怎么说，久别重逢就是美好。这体现在《小重山》中：

> 春到长门春草青。江梅些子破，未开匀。碧云笼碾玉成尘。留晓梦，惊破一瓯春。
> 花影压重门。疏帘铺淡月，好黄昏。二年三度负东君。归来也，著意过今春。

又是一年春草青青，江边的梅花有些绽放开来，面前的茶水是碧云色，饮了一口，才恍然清醒过来。清照恍惚觉得眼前的一切有些不真实，她已经回到了汴京，回到了赵明诚的身边，而不是独自一人在明水了。

夕阳西下，花的影子映在厚重的门上，随风摇曳，一轻一重、一实一虚，交相辉映，慢慢地，月儿升起，屋内洒满淡淡的银辉，这一切是多么美好啊！

"二年三度负东君"，不知不觉，清照已经离开汴京两年了，这两年里，梅花开了又谢，谢了又开，自己错过了花开之时，如今回来，终于可以好好赏花，可以好好和夫君共度今后的每一个春天了吧。

莫再辜负这美好的春光了。

"每一个不曾翩翩起舞的日子，都是对生命的辜负"，假如李清照读到这句话，定然会赞同。每一个春天，都值得与心爱之人，与最好的自己好好度过。

"一首小词，明白如话，以口头语写眼前景、心中情，只于淡笔素描中，略加点染，将女词人朝暮之间如梦如痴的心绪，浓缩在不到六十字的短小篇幅之中。在写景、叙事、抒情的水乳交融之中，写得曲尽情至、耐人寻味，有自然隽永之趣，无忸怩卖弄之态，足见李清照在抒情词创作上词心的灵锐及其驾驭语言的功力。"林家英和庆振轩给予该词高度评价。

诚然，这的确是李清照擅长的。"归来也，著意过今春。"也是李清照聪慧之处。

过好每一个当下，珍惜每一朵花开，就是不辜负生命的美好。

02 风流不减

回到汴京城，李清照待在自己的卧房里，望着窗外院子的春景，一片五彩缤纷的景象，却没有兴致走出去踏春、赏花，任由篆香渐渐烧尽了，日向西沉。

瞧见了昔日亲手种下的江梅，如今花开正好。

可又有谁知道呢？她曾经历经多少风雨摧残，如今望去，了无痕迹。

联想到自己的遭遇，李清照沉默不语，望着江梅，久久难以平静：

满庭芳·残梅

小阁藏春，闲窗锁昼，画堂无限深幽。篆香烧尽，日影下帘钩。手种江梅渐好，又何必、临水登楼。无人到，寂寥浑似，何逊在扬州。

从来知韵胜，难堪雨藉，不耐风揉。更谁家横笛，吹动浓愁。莫恨香消雪减，须信道、扫迹情留。难言处，良宵淡月，疏影尚风流。

"小阁"指女子卧房，出嫁亦叫出阁。待在房内的李清照，见不到窗外的春光，好似春光被藏起来了。

　　那些曾经美好的时光，少女时一次肆意的郊游，写诗词得到的父亲的欣赏，对心爱之人无限的向往，以及新婚后的甜蜜……被"风雨"驱散，在岁月里沉静。

　　"何逊在扬州"，何逊，南朝梁诗人，曾在扬州任建安王记室，写过《咏早梅》，其中有云："兔园标物序，惊时最是梅。……应知早飘落，故逐上春来。"

　　在何逊眼中，梅花是最能标志时节变化的，不怕霜雪、严寒，凌雪而开，清洁俏丽的花朵被大雪压着，被寒风吹着，当她知道春日将至，便早早飘落，即使飘落也不后悔，因为她要向人们报信：春天来了。

　　更难能可贵的是"俏也不争春，只把春来报"。

　　李清照用何逊的诗来对比，她的心境与何逊相似，寂寥如寒风中的梅花。纵然心中许多难言之语，这番良宵淡月，李清照坚信"疏影尚风流"。

　　邱俊鹏评此词："不仅表现出抒情主人公与梅的情感交流，而且达到人梅难分的境界了。不是吗？'疏影尚风流'是梅特有的姿质，恐怕也是诗人的写照吧！"

　　此时，李清照的心依旧如梅，虽"难堪雨藉，不耐风揉"，仅剩不多的花朵零落，但梅花稀疏的影子依旧风流。

　　"疏影横斜水清浅，暗香浮动月黄昏。"宋朝林和靖的《山园小梅》想必深得李清照的心思。

　　人生嘛，总会经历风雨，因此，彩虹才显得格外多姿。

03　变数再起

　　返回东京城，李清照还没来得及享受相聚欢的美好生活，朝廷纷争，再起变数。

　　赵挺之任职宰相期间，做了些好事：他不像蔡京专注于培养自己的党羽，采用任人唯贤的政策，裁汰无用的人员："省内外冗官，罢医官兼宫观者。"行骗人之术的御医都被淘汰掉,选拔一些真正有才能的人士,他还立"诸路监司互查法",包庇、隐匿、不举报者同样论罪。

可惜好景不长,到了公元1107年正月,蔡京再度为相,疯狂打击报复赵挺之。

蔡京根本不管什么旧党新党,在两党之间左右摇摆,完全取决于当朝者的态度,讨他们的欢心。到了3月,赵挺之被罢免宰相之职。赵挺之再怎么老谋深算,面对无耻小人蔡京,赵挺之怎么敌得过呢?赵挺之为官,善于谋划,为赵家,亦是打算为官一方、造福于民的。

想到蔡京这个无耻之徒又要霸占朝野、胡作非为,宋徽宗又要被蔡京摆布,而赵家恐怕也是凶多吉少,赵挺之愤愤不平,积郁已久,一病不起,5日后去世,终年68岁。

《宋史》中,元代脱脱、阿鲁图等人给予赵挺之如下评价:"君子小人,犹冰炭不可一日而处者也。赵挺之为小官,薄有才具,熙宁新法之行,迎合用事,元祐更化,宜为诸贤鄙弃。至于绍圣,首倡绍述之谋,牴排正人,靡所不至。其论蔡京,不过为攘夺权宠之计而已,所谓'楚固为失,齐亦未为得'也。"

提到赵挺之与蔡京夺权之事,"仍被肯定为依附蔡京'阿谀奉迎''反复无常'的'聚欲之徒'实是不公正的结论。时至今日。应该实事求是地给予公允的评价。"牛维鼎提出异议。

在当时,赵挺之的名声并不太好,北宋太学生陈朝老道:"陛下即位以来,五命相矣,有若韩忠彦之庸懦,曾布之奸贼,赵挺之之蠢愚,蔡京之跋扈?皆天下所不堪者。"

这5位宰相,各有各的不足,难以担当重任。如今朝廷,不管是赵挺之还是蔡京,都不是合适的宰相人选。

对于国家,赵挺之的倒下,并非多大的事,他倒下了,宰相之位会有人替上去,而对于赵家来说,意味着顶梁柱倒了。位极人臣后的赵挺之,在短短时日内,竟发生如此翻天覆地的变化,赵家全家人诧异之余,披麻戴孝,含泪送别。

就在赵家人不知前路在何方时,宋徽宗来赵家吊唁,追赠赵挺之为司徒,谥号清宪。赵家人在战战兢兢中似乎看到了一点点希望。

一切都是未知的，且前路艰难。赵挺之在位时，尚且有一线希望。

赵挺之的夫人郭氏依旧眉头紧锁，跟着夫君多年，她深知变数不定、前途未卜。李清照内心亦是忐忑不安，如今，公公离开了，虽说她对公公有些怨言，可如今，一切都烟消云散了。政坛上风云变幻更让她没有安全感，她犹如浮萍，随风飘浮。

果不其然，蔡京并不解恨：谁让他不好过，他就加倍还回去！

蔡京把赵家三兄弟关进牢房里，一一审问，试图给赵挺之定罪。蔡京并没有实质性证据，不过都是些捕风捉影，赵明诚担任的是鸿胪寺少卿，一个正六品的小闲职，他一心扑在金石之学上，根本不可能有什么问题。他的两个哥哥并无什么大才，任些小官度日罢了。

审讯了几个月，直到 7 月，蔡京见没什么结果，赵家三兄弟也被折磨得差不多了，没有真凭实据也只好放人了。

04　初心尚在

多丽·咏白菊

　　小楼寒，夜长帘幕低垂。恨萧萧、无情风雨，夜来揉损琼肌。也不似、贵妃醉脸，也不似、孙寿愁眉。韩令偷香，徐娘傅粉，莫将比拟未新奇。细看取、屈平陶令，风韵正相宜。微风起，清芬蕴藉，不减酴醾。

　　渐秋阑、雪清玉瘦，向人无限依依。似愁凝、汉皋解佩，似泪洒、纨扇题诗。朗月清风，浓烟暗雨，天教憔悴度芳姿。纵爱惜、不知从此，留得几多时？人情好，何须更忆，泽畔东篱。

无妄的牢狱之灾，李清照为赵家三兄弟鸣不平，看到赵明诚被折磨得不成人样，甚是愤愤不平。

遗憾的是，除了细心照顾好赵明诚外，她别无他法。既不能将蔡京拉下马，也不能为丈夫申冤，他们都是朝廷纷争的牺牲品。

面对如此朝廷，唯有写词抒发心中不满，她能够做到的，唯有保持高洁和端庄，不被污水所污染。

《多丽》是《漱玉词》中最长的一首词。该词中用典较多，"贵妃醉脸"指像杨贵妃醉酒后，满脸的惺惺作态与娇媚造作。杨贵妃是唐玄宗的宠妃，擅长歌舞，一次醉酒后，借着酒劲，失去了往日的温婉与端庄，失了贵妃风采。

孙寿是东汉时梁冀的妻子，常常故作愁眉、啼妆、折腰步魅惑别人，曾风行一时。

"韩令偷香，徐娘傅粉"，是说两名女子，一个偷西域奇香与人私会，一个搽脂抹粉与人私通。

李清照说这四人所为，都不可用来比拟白菊的形象。言下之意，自己虽为女子，却不屑做那矫揉造作之态，不屑故意浓妆搔首只为博得男人欢心。哪怕经历过风雨的一夜搓揉，白玉般的肌肤被损伤，也仍旧唯有屈原和陶渊明的风度神韵可以比拟白菊。

"朝饮木兰之坠露兮，夕餐秋菊之落英。"菊花在屈原的笔下，象征君子的高尚与纯净，而陶公则用"采菊东篱下，悠然见南山"来表示他对黑暗现实的不满，"志在高洁，不慕名利"。

秋深露重，白菊，像雪一样洁白，玉一样坚瘦，似含愁凝视的汉皋神女，又如洒泪题扇的班婕妤。"纨扇题诗"说的是班婕妤写《团扇歌》，纨扇是用细绢制作而成。汉成帝即位之初，班婕妤颇受宠爱。后来，赵飞燕获盛宠，班婕妤失宠，就做团扇诗，以团扇到了秋天，不再被需要来比喻弃妇的遭遇。

用这两个典故来寄寓对白菊的赞美和怜惜之情。

清冷的秋风中，白菊仍不惜将香气传给人间，供人品鉴。纵然李清照加倍爱惜，这姣好的姿容还能留多久呢？只要人情好，何必再去追忆屈原行吟泽畔、陶渊明采菊东篱呢？

世俗沉浮，李清照又岂甘心随之浮浮沉沉呢？

愿做一朵迎风而香的白菊，在秋风起时，卓尔不群、不媚世俗、傲然独立。

第二章
人意不如山色好

01 再次离京

赵家一系列的变数,让赵家人陷入慌乱之中,好在郭氏见多识广,冷静地处理一切事宜,清照助她打理家事。看着伤心欲绝的赵明诚,清照不想让他再受一点点伤。京城是待不下去了,赵家子弟便携母亲准备返回祖籍山东青州居住。

青州并不是赵挺之的出生地,他出生于密州,相当于一个地级市,比较偏僻,考中进士后,就搬到青州居住。后来,赵挺之一路升迁,举家居住汴京,青州便一直空着,没想到还能派上用场。青州相当于省会城市,文化、经济、交通都更为繁荣昌盛。当时的新党王居卿曾当京东东路的转运使,驻地在青州,赵挺之也是为了靠近新党。

远离京城,会少一些提心吊胆,李清照乐意前往,赵明诚去哪儿,哪儿就是他们的家。李清照打点行李,主要是她与明诚搜罗的金石异宝。她盼着能早些离开汴京。这天夜里,她做了一个梦,梦见自己飘飘然来到天上的仙界,巧遇秦时仙人安期生、传说中的仙女萼绿华,还有许多仙子仙女,各个风流潇洒,围坐着饮新茶,高谈阔论、妙语连珠,谈论的不是什么国家大事,却非常自由、快乐。

李清照受邀也加入其中,和他们一起看船一样大的藕,一起吃瓜一样大的枣。甚是奇特又悠然。李清照乐不思蜀,然而,终究是梦,醒来后,想到现实之种种,苦闷不已,她宁可早点离开京城,过一种逍遥自在的小日子。

李清照如实记下《晓梦》:

晓梦随疏钟，飘然蹑云霞。
因缘安期生，邂逅萼绿华。
秋风正无赖，吹尽玉井花。
共看藕如船，同食枣如瓜。
翩翩坐上客，意妙语亦佳。
嘲辞斗诡辩，活火分新茶。
虽非助帝功，其乐莫可涯。
人生能如此，何必归故家。
起来敛衣坐，掩耳厌喧哗。
心知不可见，念念犹咨嗟。

李清照的诗不多，记录梦的文字也极少，不同于她的词作，诗中有了浪漫的色彩，试图用幻想给自己造一个精神家园，以此来逃离现实的苦闷。有人认为这首诗作于南渡之后，史料上并无考证。姑且记之。

02　易安居士

经过一路舟车劳顿，赵家人终于抵达青州。赵明诚和李清照将宅院中一间屋子收拾出来，作为他们共同的书房。书房是文人的精神家园，刘禹锡有"陋室"，欧阳修有"六一居"，苏轼有"思无邪斋"，要起个什么名字好呢？

"久在樊笼里，复得返自然。"李清照想起陶渊明的《归园田居》中的一句，眼下自己的处境不正应了这句话吗？她的内心有一种轻松愉快之感，呼吸着新鲜的空气，像风一样自由的心灵，好像来到了青州，之前所有的烦恼和痛苦都留在汴京城里了。

"叫'归来堂'如何？"清照问夫君。

明诚会意一笑："好名。就叫'归来堂'。"

"我还有一个想法。"清照指着不远处自己住的屋子，依旧灿烂地笑道，"把它叫'易安室'吧。"来自陶渊明《归去来兮辞》中的"倚南窗以寄傲，审容膝之易安"。

"那你岂不就是'易安居士'啦。易安居士好！"明诚俯首作揖道。

"夫君大人好。"清照回礼。

清照希望自己与夫君哪怕住在再简陋的屋子里，哪怕遇上再大的风浪，也可以随遇而安、自得其乐。久居京城之地，太多蝇营狗苟、争权夺利，有太多无可奈何，现在真好，可以与山水为伴，亲近草木，乐享田园之趣，本本真真地活着，真好。

03 词是一家

岁月静好，赋词赏花，夫妻二人虽不富裕，但"衣食有余"。归来堂里，赵明诚撰写《金石录》，清照便在一旁读书吃茶，闲来无事，忽而起了兴致，提笔写道："乐府声诗并著，最盛于唐。开元、天宝间，有李八郎者，能歌擅天下。……"

清照边写边笑，不承想惊动了明诚，明诚放下笔，轻轻地来到清照身后，看着纸上文字，默读道："又有张子野、宋子京兄弟、沈唐、元绛、晁次膺辈继出，虽时时有妙语，而破碎何足名家！至晏元献、欧阳永叔、苏子瞻，学际天人，作为小歌词，直如酌蠡水于大海，然皆句读不葺之诗尔。又往往不协音律，何耶？"

明诚再也忍不住哑然失笑，清照发现身后的明诚，转身问他："笑什么？"

"夫人好大的胆子！"

清照不明，放下笔，拉着明诚坐下，问："何耶？"

"像晏殊、欧阳修、苏轼这样的大家、名家，夫人都敢鸡蛋里挑骨头，这还不胆大啊。"

清照笑笑："我实话实说嘛！他们确实才华横溢，填首小词，就像拿着葫芦做的瓢去大海里取一瓢水般容易，不过，他们写的全都是雕饰的诗罢了，真不明白他们为什么不协音律。词可不是诗。"

"愿洗耳恭听。"

"苏轼确实旷世之才，他提倡以诗为词，认为词和诗一样是抒发自我之情的。我不太认同，为何这样说呢？诗和文章只分平仄，词却要分五音，又分六律，发音时还有清、浊、轻、重之分。若是不协音律的人填词，就没法歌唱了。不叫人笑话才怪。我认为词别是一家，可知道的人却不多。这可不是我自己吹牛、胡说，或故意贬低别人，抬高自己。不过是实话实说罢了。"

明诚望着清照既一本正经地论词，又可爱俊俏的模样，并不反驳她，而是乐滋滋地望着，暗自思忖：自己何德何能竟能娶得这样绝世无双的女子啊！幸好上天没有让他在清照和金石之间作个选择，而是让他鱼和熊掌能够两全。此时此刻，他死而无憾了。

清照刮了下明诚的鼻子，"想什么呢？"

明诚笑曰："幸好我的心思不在作词上，不然可就惨啦。"

"不如——我来教你作词，如何？"清照玩笑道。

"千万别——"明诚逃回自己的书桌，继续专心撰写金石之文，而清照则继续写《词论》。

平淡的日子徐徐向前，转眼间，明诚和清照就在青州生活了一年多。根据陈祖美编的《李清照简明年表》可知：（清照）25岁（公元1108年，大观二年）。明诚、清照夫妇于青州"归来堂"读书、斗茶。明诚撰《金石录》，清照"笔削其间"，心情舒畅，甘心终老是乡。

若真能在青州终老，对于清照何尝不是一件幸事。奈何朝野之上，蔡京还兴风作浪，清照虽远离朝堂，心里依旧惦记着国事，希望天下苍生可以安宁地过自己的小日子。

04 小别之愁

青州的生活悠哉乐哉，若不是赵明诚时不时要外出去访碑考文，不得已与李清照小别，那小日子可真叫幸福呀！

与夫君小别的日子，李清照如何自处呢？

一阕《木兰花令》可知：

沉水香消人悄悄，楼上朝来寒料峭。春生南浦水微波，雪满东山风未扫。

金樽莫诉连壶倒,卷起重帘留晚照。为君欲去更凭栏,人意不如山色好。

这一年,政和六年,三月初,赵明诚自青州出发,去往长清县灵岩寺,此时,气候尚冷。沉香渐渐焚烧殆尽,词人悄悄上了小楼,清早有些冷。春色已有,草色碧绿,春水凌波,送君离去。

"东山"是东晋谢安隐居之所。朝廷多次招之,不动。后来就用"东山"比喻官员一时退居之处。这里借指词人隐居青州。

与夫君小别,李清照饮酒,喝了不少,卷起窗帘,不见夫君归来,何必去凭栏呀,不如看看山色,静待夫归。

由济南出版社出版的《李清照全集评注》一书中,徐北文评该词:"此词盖是易安夫妇屏居青州时,明诚外出小别之作。这一时期,明诚多次至齐州附近以及泰山等地访碑考文,虽非远游,亦增怅触。写词以寄此情怀,以此种平常自然之文句道之,不瘟不火,恰如其分,其风度吐属可赏。"

大抵是之前经历过分居两地的痛和苦,而今,这等小别,李清照的心里多了一丝柔情吧。

淡淡的心思,读来不怨不伤,自有一股淡淡的情愁,娓娓道来、挥之不去,最后静默在山色之中。

第三章
精神与、秋月争明

01　恩师大寿

公元1108年，清照25岁，在青州过着不求闻达、不慕虚荣的隐居生活。巧合的是，清照的老师晁补之亦是如此。

晁补之，与张耒并称"晁张"，两人均是苏轼的得意门生，今他的诗词存160多首，涉及方方面面：写景、咏花、赠和、悼亡……更多是写贬谪生涯和田园风光。苏轼称他"于文无所不能，博辩俊伟，绝人远甚"。此外，晁补之还著有《鸡肋集》《晁氏琴趣外篇》等。

当年李格非被贬时，晁补之也名列碑文，被贬河中府时，晁补之在河中府修河桥，方便百姓出行，受到百姓爱戴。

后来，徽宗大赦天下，政局渐有缓和，晁补之先是改提举西京崇福宫，又改提举南京鸿庆宫，之后又让他奉祠家居。古人交通不便，这几番流转，让晁补之身心俱疲。结束流离失所的生活后，仰慕陶渊明的晁补之找人修葺一座院子，取名"归来园"，自号"归来子"。他想和陶公一样归隐田园，过自由清闲的日子。

清照得知老师的事后，在晁补之55岁的生日时，清照和明诚前去探望，给老师贺寿。

一进归来园，清照和明诚相视而笑，果然是文学上的忘年交，心志是一样的。池塘旁栽满了榕树、杨柳树，庭院里种着几株白梅……清照看着分外亲切，眼眶竟有些湿润。

晁补之不敢问，怕是他们想起了同一个人：李格非。

而今，清照与恩师还有相见时，却永远失去了父亲。晁补之见不到挚友,见到其女儿,稍感欣慰。

清照快速调整情绪,她是来给老师祝寿的。一行人来到楼阁亭榭内,放眼望去,仿若来到了传说中的蓬莱、瀛洲仙岛。给晁补之祝寿的亲朋络绎不绝,有风雅的达官贵人,有清穆的布衣名士,有的献上淡雅清香的兰花,有的献上益寿延年的灵芝……大家簇拥着寿星晁补之,寿筵开始了,气氛更加活跃。侍女们捧着酒壶在客人间穿梭,不时给客人添酒。翩翩然的举止,令客人们开怀。

寿宴结束后,李清照写下祝寿词:

新荷叶·薄露初零

薄露初零,长宵共、永昼分停。绕水楼台,高耸万丈蓬瀛。芝兰为寿,相辉映、簪笏盈庭。花柔玉净,捧觞别有娉婷。

鹤瘦松青,精神与、秋月争明。德行文章,素驰日下声名。东山高蹈,虽卿相、不足为荣。安石须起,要苏天下苍生。

在清照的心目中,晁补之像鹤之清癯矍铄,如松之耐寒长青,他的精神光芒万丈,可与明月一比高下,他的品德学问独领风骚、名噪京城。

02 心念苍生

"薄露初零,长宵共、永昼分停。"寿主的生日恰值秋分之际,秋分的这一天,白天与黑夜各占12个小时。"分停"相当于古代的"停分",李清照为了押韵而改之。

"蓬瀛"指神话传说中的神山。李清照用《抱朴子》中的典故说明恩师家的院子像神仙居住的地方。

"簪笏盈庭"说明来参加祝寿的人都是达官贵人。"簪笏"是古代官员上朝时手上拿着的笏板,还带有笔。无事时则拿在手上,笔簪插在冠上，有事还可以记下来。王勃在《滕王阁序》中写："舍簪笏于百龄，奉晨昏于万里。"

《资治通鉴·卷一百零一·晋纪廿三》有云："谢安少有重名，前后征辟，皆不就，寓居会稽，以山水、文籍自娱。虽为布衣，时人皆以公辅期之，士大夫至相谓曰：'安石不出，当如苍生何！'"

"东山高蹈"说的是谢安，字安石，东晋时期有名的政治家，曾在东山隐居，经常以山水、文籍自娱自乐，虽然只是一介布衣，可当时朝廷很多人都想他出山，辅助朝政。至此流传下来一句话："安石不出，当如苍生何！"

晁补之出生于世代奉儒的书香门第，自小就受书香浸染，加上勤奋好学、聪敏、记忆力好，17岁那年，父亲到杭州为官，他随同前往，一路上游历山川，将所见的山川风景、风土人情写成《七述》，请苏轼品鉴，苏轼读完，赞叹道："我可以搁笔了。"苏轼本也想写一写杭州山川之秀丽的，他还预言晁补之今后一定会以文章而著于世。

晁补之，26岁考中进士，考试都高中第一，在诗、词、文方面都有建树。后几年的隐居生涯过得并不清闲自在，朝廷认为晁补之很有才华，任命他去不同的地方做官。

清照借谢安的典故来说老师晁补之的才华，及他为国为天下苍生的高尚情操，无疑，老师在清照心中是一位德高望重的长辈。

徐北文评《新荷叶·薄露初零》："该词并非一般祝寿词，歌功颂德的庸俗之作。从作者对寿人的诚恳愿望，可以看出她对国家的前途和人民的命运的深切关心。这是很可贵的，爱国爱民的思想在闪闪发光。"

03　恩师长逝

晁补之和苏轼一样极其喜欢陶渊明，苏轼有过120多首和陶诗，作于不同时期，酷爱陶诗，崇拜陶渊明的性情和为人。晁补之亦然。根据他在《鸡肋集》卷三十一《归来子名缗城所居记》中云："读陶潜《归去来词》，觉己不似而愿师之。买田故缗城，自谓归来子。庐舍登览游息之地，一户一牖，皆欲致归去来之意，故颇撮陶词以名之为堂。面园之草木，曰松菊，松菊犹存也。"

效仿陶渊明归隐，读陶公的诗，仿佛在和陶公隔空对话："既榜而书之，日往来期间，则若渊明卧起与俱；仰榜而味其词，则如与渊明晤语，皆踌躇自得，无往而不归来矣。"学着陶公，将生活中亲身的经历用真切、平淡而自然的笔法描写出来，追求超然、淡泊，品味平淡中的深味。

《摸鱼儿·东皋寓居》是晁补之的代表作，表达的就是对官场生活的厌弃，对田园生活的向往：

买陂塘、旋栽杨柳，依稀淮岸江浦。东皋嘉雨新痕涨，沙嘴鹭来鸥聚。堪爱处。最好是、一川夜月光流渚。无人独舞。任翠幄张天，柔茵藉地，酒尽未能去。

青绫被，莫忆金闺故步。儒冠曾把身误。弓刀千骑成何事，荒了邵平瓜圃。君试觑。满青镜、星星鬓影今如许。功名浪语。便似得班超，封侯万里，归计恐迟暮。

辛弃疾也有一首《摸鱼儿》，"更能消几番风雨"，表达对朝廷的反感，不同的是，辛弃疾是从关心国家出发，晁补之则是因个人事业无常，表达出想要退隐的消极思想。

杜甫有诗："纨绔不饿死，儒冠多误身。"读了很多书的晁补之觉得做官误了自己，"儒冠曾把身误"，做官一事无成，功名只是虚语。最后用班超的典故来说明一切都太迟了，年岁已高，怕是没有机会建功立业了。

班超少年时有大志向，他认为"大丈夫无它志略，犹当效傅介子、张骞立功异域，以取封侯，安能久事笔研间乎"，后来，他在西域建立功业，被封为定远侯。

晁补之做官没什么大成绩，在文学上却另有一片天地。诗人陈师道评价他："前身阮始平，今代王摩诘。偃屈盖代气，万里入方尺。"

清照受其影响，落于纸上的文字，以手写我心，繁华落尽见真纯。

晁补之是清照诗词画方面的老师,还经常对外夸赞清照。北宋朱弁在《风月堂诗话》卷上说:"(李清照)善属文,于诗尤工,晁无咎多对士大夫称之。"

清朝陈锡露有云:"李易安有句云:'诗情如夜鹊,三绕未能安。'晁补之称之。……二句新色照人,却能择出诗人神髓,而得知女子,尤奇。"师生之间的诗词唱和亦是文学史上闪耀的珍宝。

遗憾的是,两年后,晁补之逝世,仅58岁。一代文豪便黯然离世,他与清照文人间惺惺相惜的故事传为美谈。

04 同心同德

公元1109年,蔡京被台谏官相继弹劾,不得不辞去宰相之位,负责修《哲宗实录》,仍旧与宋徽宗保持联系:每月一日、十五日,都要朝拜皇帝。

太学生陈朝老见状便给皇帝上疏,追究蔡京十四大罪状,称蔡京"渎上帝、罔君父、结奥援、轻爵禄、广费用、变法度、妄制作、喜导谀、钳台谏、炽亲党、长奔竞、崇释老、穷土木、矜远略"。

尽管有如此多的罪状,陈朝老也只是希望把蔡京流放。没办法,北宋自开国以来就有不杀士大夫的规则,这才让大奸臣蔡京多次逃过,一直在朝野之上浮浮沉沉,干尽了祸国殃民的坏事。

若能把蔡京流放到很远的地方去,那些追随在蔡京身后的魑魅也可以引以为戒,不可再兴风作浪。

陈朝老的做法,引得很多士人支持,争着抄写,作为实录,多次弹劾,但未被宋徽宗允奏,只是把蔡京贬为太子少保,在杭州居住。

这些朝廷上的纷争,对于远在青州的李清照影响甚微。这一年,清照修订《词论》,使之更加完善,和明诚继续整理《金石录》。

青州,古代齐国的核心地区,这座古城中聚集了较多的价值不菲的文物。这里可是清照与明诚的天堂。夫妇两人经常逛遍青州的大街小巷，收集到不少的石刻资料，有《东魏张烈碑》《北齐临淮王像碑》、唐李邕撰书《大云寺禅院碑》……其中甚有名气的益都出土的有铭古戟，昌乐丹水岸出土的古觚、古爵……都被他们一一罗列，藏至家中。

夫妻俩的文雅爱好获得了众多学士友人的支持，他们经常相聚，饮酒、作诗，把玩心爱之物，小日子过得有滋有味。有一天，文及甫路过青州，慕名而来，特意来拜访明诚。文及甫是北宋名相文彦博的第六个儿子，夫妇二人十分欢迎他的到来，好酒好茶招待他。

赵明诚拿出前辈蔡襄的《进谢御赐书诗卷》，和文及甫共同观赏。蔡襄是北宋著名书法家，其书法价值很受后人重视。此卷之前是由赵挺之收藏的，赵挺之还是宰相时，同为北宋著名书法家米芾曾和赵挺之一同欣赏过此卷，米芾还题过序跋，可见其价值连城。后来，赵挺之病故，此卷便由最喜爱字画收藏的赵明诚妥善保管着。

有了这一段佳话，赵明诚兴致勃勃地邀请文及甫为诗卷作题跋。赵明诚对此等文雅之事乐此不疲，清照总全力支持他，与他同心同德。

第四章
从今又添，一段新愁

01 赌书泼茶

纳兰性德曾在西风中感慨，沉浸在往事的回忆中，词中，他提到李清照与赵明诚在青州的日子："被酒莫惊春睡重，赌书消得泼茶香，当时只道是寻常。"

赌书泼茶是李清照和赵明诚这对志同道合的夫妇特有的闲情雅致，李清照在《金石录》后序中写道：

"后屏居乡里十年，仰取俯拾，衣食有余。连守两郡，竭其俸入，以事铅椠。每获一书，即同共勘校，整集签题。得书、画、彝、鼎，亦摩玩舒卷，指摘疵病，夜尽一烛为率。故能纸札精致，字画完整，冠诸收书家。"

提到赵明诚辞官后在青州的日子，衣食有余，后来赵明诚担任过莱州和淄州的知州，把全部的俸禄都拿出来，用以从事《金石录》一书的校勘、刻写。每每得到一书籍，夫妇就共同校勘，合力整理成类，并在上面题上书名。若有幸收藏到古籍、字画这些宝贝，二人更是常常摩挲、把玩，舍不得放手，交流许久，每次都要讨论到蜡烛烧完才想起去睡觉。

如此痴爱，世间罕有。更妙的是，夫妇二人把玩、交流得久了，便对家中收藏如数家珍，对其中的古籍更是倒背如流。尤其是李清照，早已奉书为挚友了。

"当时只道是寻常"的"赌书消得泼茶香"，对后来的李清照回忆起来又何尝不是如此呢：

"余性偶强记，每饭罢，坐归来堂烹茶，指堆积书史，言某事在某书、某卷、第几页、第几行，以中否角胜负，为饮茶先后。中即举杯大笑，至茶倾覆怀中，反不得饮而起。甘心老是乡矣。"

每次晚饭后，夫妇二人便来到归来堂，一边坐着煮茶，一边指着堆积如山的书，玩起文雅的游戏来：看谁能说出某个典故在某本书的第几卷、第几页、第几行，说对的人才可以喝茶。李清照的记性好，常常猜对，望着明诚的表情，她举起茶杯忍不住哈哈大笑，常常一不小心就把茶水泼到胸前的衣襟上。清照的样子又引得明诚哈哈大笑，两人笑得更欢了。他们发现胜负的双方都没有喝到茶，由此，归来堂里总是欢笑声不断。

物质生活不是很富裕，清照好想就这样过一辈子啊！为了二人共同的理想而努力、而快乐，这是多么幸福的事啊！

不知不觉，夫妇二人收藏的书籍甚多，他们收藏的古籍在当时已经超过了许多藏家，便专门在归来堂建起书库，分类摆放，还要在簿子上登记，不用时就锁好，用的话，就要拿来钥匙打开。如果谁弄坏或弄脏了书籍，一定要擦干净，缝补好才行。为了买到更多的古籍，李清照少吃荤菜，身着素衣，从不戴明珠翡翠的首饰，室内也没有镀金的家具，生活质朴，但精神富有。

这样的生活在外人看来，颇有些清寒，李清照和赵明诚却能苦中作乐，这种特别的快乐，有时候双方只需要一个眼神就能心领神会。

有一次，他们捧着家传的《周易》和《左传》，这两本古籍原是有两个版本，文字也最是完备。将它们罗列在几案上，放在枕席间，二人意会心谋、目往神受，这种乐趣甚是高级，远远超过了那种歌舞女色的低级快乐，且持续时间久远。每每想起，都能快乐一整天。

这种心有归处、魂能安宁的日子，是属于李清照和赵明诚的。纳兰性德岂有不羡慕之理。

02　易安画像

公元1114年，李清照31岁。

这一日，赵明诚拉李清照坐在归来堂里，清照笑颜如花地问他何事。

明诚郑重地说:"我想给你画幅画像。"

清照了然,顺手拿了几案上瓶中插着的一朵白菊,配合明诚。

明诚提笔在宣纸上"唰唰"勾勒,不时在这里添几笔,不时停下来,思索一会儿才动笔。不知过了多久,赵明诚道:"好了。"

李清照凑过去看,甚是满意。

赵明诚在易安居士画像旁题道:"易安居士三十一岁之照。清丽其词,端庄其品,归去来兮,真堪偕隐。政和甲午新秋,德父题于归来堂。"

赵明诚,又名赵德父。

这幅画上的李清照清瘦,有一种不属于人间的美,她手上拿着一朵白菊,整个画面用线条勾勒出,正如她的词,清新淡雅、自然天成。

这个故事真伪不实。这幅画像流传下来,有人认为不符合李清照的气质。或许每个人心中都有李清照的样子,各有各的美。

赵明诚对李清照的心声皆在这题词中,可见他是极其了解妻子、极其欣赏妻子的。若李清照看到过此词,想必可以说一句:"此生,明诚不曾负我。"

公元1115年,在遥远的东北,一个女真酋长完颜阿骨打建立了大金国。他率领的将士骁勇善战,日渐强大。

金国的建立,谁也不曾想到它会是北宋灭亡的直接刽子手。

青州这对夫妇依旧过着花前月下、赋赏花诗般的浪漫日子。又过一年,夫妇二人大体完成了《金石录》的整理与写作。其中包括刘跂寄给赵明诚的《汉张平子残碑》墨本,以及下邳县农民耕地所得到的《汉祝长严䜣碑》。

公元1117年,《金石录》成书,赵明诚写了自序,邀请当时著名学者刘跂为前三十卷作后序。

《金石录》是继欧阳修的《集古录》后又一部金石名著,为中国金石学奠定了基础。李清照为《金石录》付出多年心血,在考古界作出了自己的一份贡献。

当时宋朝人就评价李赵二人为"平生与之同志",感情与事业双丰收之典范,这样的天作之合,古今中外都少有。

03 新瘦新愁

美好的生活随着赵明诚重返仕途而结束。赵明诚去莱州当知州,清照留在了青州。清照对赵明诚的爱都写进了词中:

凤凰台上忆吹箫·离别

香冷金猊,被翻红浪,起来慵自梳头。任宝奁尘满,日上帘钩。生怕离怀别苦,多少事、欲说还休。新来瘦,非干病酒,不是悲秋。

休休。这回去也,千万遍阳关,也则难留。念武陵人远,烟锁秦楼。唯有楼前流水,应念我、终日凝眸。凝眸处,从今又添,一段新愁。

从前给赵明诚寄过锦帕,写过相思"才下眉头,却上心头",而今面对离别,她又写下"从今又添,一段新愁"。

所用词牌名《凤凰台上忆吹箫》中就蕴含着一段爱情故事:春秋时,秦穆公的女儿弄玉和萧史因相爱而结婚。秦穆公为他们修建高楼而居,萧史善于吹箫,萧史就教弄玉吹箫,站在高楼处吹箫,箫声像极了凤鸣,引来凤凰,有一日,这二人竟随着凤凰飞升而去。他们居住的高楼便被称为凤凰台。

自从赵明诚离开后,李清照懒得梳头化妆,起得也很迟,生怕触景生情,勾起这离别的苦楚来,多少事,都还没来得及与他说。最近又清瘦不少,不是因为饮酒,也不是因为生病了,更不是因为悲秋而伤神。

还用说吗?这"新来瘦",寸寸丝丝都关乎他呀!

罢了,李清照也留不住他呀!

"念武陵人远",是提醒丈夫不要走得太远呀,亦不可在外面遇到什么仙女呀!意思是,莫行太远,要时刻记得远在青州的娘子呀!《桃花源记》中记录武陵渔人沿着溪水闯入一片桃花林,发现了一个与世隔绝的村子。后人就把武陵桃源与遇到仙女并与仙女成婚的故事结合起来。

李清照真是用心良苦,不断提醒赵明诚:"这楼前的溪水是知道我的,整日盼望着夫君归来。这深情的双眸呀,从今天开始,又增添了一段新愁。"

"新瘦""新愁"皆为君,君要记得归来呀。

唐圭璋评语道:"此首述别情,哀伤殊甚。起三句,言朝起之懒。'任宝奁'句,言朝起之迟。'生怕'二句,点明离别之苦,疏通上文;'欲说还休',含凄无限。'新来瘦'三句,申言别苦,较病酒悲秋为尤苦。换头,叹人去难留。'念武陵'四句,叹人去楼空,言水念人,情意极厚。末句,补足上文,余韵更隽永。"

04 相思难表

一阕《凤凰台上忆吹箫》怎能表尽相思意呢,那日日夜夜的相思钻进李清照的脑海里、骨子里、灵魂深处……

青州往昔历历在目,而今只剩下一个憔悴人。一寸的柔肠,却是千丝万缕的愁绪啊。

"寂寞深闺,柔肠一寸愁千缕。惜春春去,几点催花雨。倚遍阑干,只是无情绪。人何处?连天芳草,望断归来路。"李清照望断赵明诚回来的路,却盼不到夫君的归来。

春天要去了,夫君却不见归来,满眼的春色,只留下惆怅与幽怨。

"情词并胜,神韵悠然。"清朝陈廷焯评这首《点绛唇·闺思》。李清照提笔又写下《念奴娇》:

念奴娇·春情

萧条庭院,又斜风细雨,重门须闭。宠柳娇花寒食近,种种恼人天气。险韵诗成,扶头酒醒,别是闲滋味。征鸿过尽,万千心事难寄。

103

楼上几日春寒，帘垂四面，玉阑干慵倚。被冷香消新梦觉，不许愁人不起。清露晨流，新桐初引，多少游春意。日高烟敛，更看今日晴未？

一个人的庭院，是冷清萧条的，细雨飞，斜风吹，门紧闭着。又是寒食将近，且见那柳枝袅娜、春花娇艳，本是外出赏花的好时节，奈何遇上这"鬼天气"。"宠柳娇花"对上"恼人天气"，真是无语。黄升曾说："前辈尝称易安'绿肥红瘦'为佳句；余谓此篇'宠柳娇花'之句，亦甚奇俊，前此未有能道之者。"

写诗，故意去找那些冷僻字来写诗；饮酒，偏要选那种振奋头脑的酒，试图回味清闲的滋味，只是，诗写成了，酒喝过了，怎么愁绪依然笼罩在心头呢？

原来心不曾安宁呀，心为之跳跃的那个人，不在身边，在远方，鸿雁飞过，却无法传书，还记得"云中谁寄锦书来？雁字回时，月满西楼"吗？

索性不再登楼远观，不再凭栏远眺，蒙头睡大觉吧，这一觉醒来，熏香散尽了，屋内越发凄冷，不由得起身，看露水在叶子上流动，梧桐叶子在晨光中摇曳，心情瞬间大好，竟起了出游的兴致。

待到水雾散尽，太阳升高，天气放晴，赶紧把出游安排上。

这种闺阁之情，也只有李清照可以"用浅俗之语，发清新之思，词意并工，闺情绝调"吧。

天会放晴，赵明诚总有归来的一日，收拾好慵懒、忧愁的心情，好好享受每一天吧！

卷五 靖康之难：忘了临行，酒盏深和浅

第一章
柳眼梅腮，已觉春心动

01　皇宫奢靡

青州，远离朝野，日子徐徐，和美而清幽。

李清照与赵明诚的小天地，赏花赋诗、赌书泼茶，自有一份自在。

只是青州之外，朝野之上，却是动荡不安。

宋徽宗在艺术领域，称得上艺术家的头衔，琴棋书画，肆意享乐，又在蔡京的鼓动下，更是挥霍国力，举全国之力来满足宋徽宗的玩乐，蔡京也趁机玩弄权力，将与他不和的大臣统统踩在脚下。

宋徽宗的生活究竟有多奢靡？这是一个好色又好淫的皇帝。他后宫的宦官就有一千多人。相比较宋太祖时期的50人，与宋仁宗时期的180人，到宋哲宗的100人，可谓急剧增加。

宦官是服侍后宫嫔妃的，可见当时宋徽宗后宫嫔妃的数量。而宫女的数量更是由太祖时期的三百多名暴增到一万多名。

宋徽宗的子女一共有180多个，好色程度不敢想象。

后宫嫔妃的暴增，就导致要增建皇宫。在蔡京的鼓动下，建了不少宫殿，铸九鼎，扩建延福宫，皇宫面积几乎扩大了一倍。

宫殿到底有多豪华呢？

苏过曾被宋徽宗宣召进宫作一幅画，他曾写过进入宫殿的感受："始知为崇高莫大之居。……俯仰之间，不可名状。"

苏过，有"小东坡"之称，他是苏轼最疼爱的小儿子，在苏轼几起几落的人生中，多是小儿陪伴他度过。苏轼被贬到海南的三年里，父子俩最大的乐趣，就是读书、著述、诗文唱和。"独与幼子过处，著书以为乐。""食芋饮水，著书以为乐。"这是父子俩重要的精神寄托。

就像李清照与赵明诚有赌书泼茶的乐趣。

"富贵敝屣孰重轻。"苏过，也是一个淡泊名利、向往隐居生活的文人。当时他在一个寺庙里，宋徽宗找到他，他的画不错，宋徽宗最喜欢结交书画文人，宣他进宫作画。

当时正值夏天，苏过进宫后，发现一点儿不热，甚至有点儿冷。原来是有冰块。这冰块是冬天时，人工在河道里凿出来，运到地窖里放起来，等到了夏天再拿出来降温用的。苏过见了，叹为观止。

宋徽宗奢靡生活的特色之一就是强征花石纲。宋徽宗的审美那是一流且奇特，他喜欢造型奇特、有观赏性的石头，而这些石头多产于江南。为了点缀石头，还要运送江南的奇花异草到汴京城，装饰他的皇家花园。

以蔡京为首的奸臣们见皇帝喜欢，纷纷去江南搜索奇石。这件事持续了近20年，花费了大量的财力、物力、人力。其中最贵的一块石头从江南运到汴京，搬运费用足足30万贯。相当于当时一万户普通人家一年的生活费用。这仅仅是一块石头的费用。有的石头巨大，为了运输方便，还要拆城门、造巨船、走海路等。

为了装饰宋徽宗的私人花园，国库都被掏空了。

02 起义不断

为了满足宋徽宗的一己私欲，蔡京经常巧立名目，增加税收，以各种手段搜刮民财，这导致各地不断爆发农民起义。

其中最有名气的就是以宋江为首的起义军，北宋朝廷下诏招降，宋江起初没有接受，于公元1120年，转战南下，发展更为迅猛，大有一发不可收拾之趋势，被朝廷称为"京东贼"。亳州知州、前执政侯蒙上书称："（宋）江以三十六人横行齐、魏，官军数万无敢抗者，其才必过人。今青溪盗起，不若赦江，使讨方腊以自赎。"

让朝廷焦头烂额的不止"京东贼"，还有规模最大的方腊起义军。他们首先攻占青溪县城,江南人民深受"花石纲"之害,得到消息后纷纷响应起义军,继续攻占其他地方。

面对势头凶猛的起义军,宋徽宗不断派人镇压,终于在1121年镇压住了起义军,但朝廷各方面都严重受挫。

政局的混乱、国家的命运和每一个人都有着千丝万缕的联系。这一年,宋徽宗想到了赵明诚,重新起用他。

接到诏书后,赵明诚与李清照挥别,即刻上任。

他根本没得选。如果可以选,他甘心一辈子和李清照在青州白头偕老。作为一个男人,重返仕途是宿命。

从青州到莱州,对赵明诚是不同的生活、不同的志向。

对李清照又何尝不是。

03　情谁与共

独自留在青州的李清照又过上了思念丈夫的生活。

蝶恋花·离情

暖雨晴风初破冻,柳眼梅腮,已觉春心动。酒意诗情谁与共?泪融残粉花钿重。

乍试夹衫金缕缝,山枕斜欹,枕损钗头凤。独抱浓愁无好梦,夜阑犹剪灯花弄。

冬天过去了,瞧,柳叶萌芽,梅花绽放,暖暖的风,暖暖的雨,这等良辰美景,想饮酒,与谁呢?写好的诗给谁看呢?

无人与我,唯有泪水相伴,脸上的妆容被弄残了,又有什么关系呢?

今日穿了一件金丝缝成的夹衫,很好看呀,可惜没那个心情。懒懒地躺在床上,也顾不上头上压坏了的钗儿,茫茫然,不知所为。独自一个人,这番浓稠的愁思,哪里能做什么好梦呢?

夜深了,无端地摆弄灯花,心里装着的始终是那个人啊。

这一次的分别，要什么时候才能再见到赵明诚呢？

"灯花"指灯芯烧尽后的形状像花，古人认为这是有好事的征兆。"今日喜时闻喜鹊，昨宵灯下拜灯花。""忽闻喜鹊噪林梢，昨夜灯花爆，必有佳音敢来到。"

李清照剪着灯花，心里却念着：大约明日一早便能见到明诚了吧？明日不成，后日也行啊，后日不行，大后日亦行……

只要相思在，相见会有时，这种期盼有望的相思，有希望，有明媚，还有一些美好的追忆。

现代孙崇恩在《李清照诗词选》评："这首词可能是李清照居青州时与丈夫赵明诚离别后所作。上阕描写初春迷人的春光景色，和由此撩拨起的怀春怀人之思，委婉细腻地刻画了女词人孤苦的心态；下阕描写试夹衫、欹山枕、抱浓愁、剪灯心、弄灯花一连串生活细节，曲折生动地刻画了女词人独处闺房，夜不能寐，和孤寂难耐的形象。"

04 雨打梨花

自古情殇处，多妙语，对当事人是无法排解的忧愁，对于后人，却是一种好的文学品鉴。有不少词作乃李清照的存疑之作。

在后人的品鉴和流传中，有些词作者变得不明朗，但丝毫不妨碍我们欣赏它：

怨王孙·春暮

梦断漏悄。愁浓酒恼。宝枕生寒，翠屏向晓。门外谁扫残红？夜来风。

玉箫声断人何处？春又去。忍把归期负。此情此恨此际，拟托行云。问东君。

明代李延机评："形容春暮，情词俱到。以风扫残红，妙在此句。"

又是一季春天匆匆别去，此时此刻，此情此恨，想借行走的流云，一问东君。东君指春神。这一句倒是李清照的风格，所见景物皆可与之对话，有人的情感和忧愁，此处，拟人化春季。

又有一阕《鹧鸪天》，有人认为是秦观所写，有人认为是李清照之作，还有人认为是无名氏之作：

枝上流莺和泪闻，新啼痕间旧啼痕。一春鱼鸟无消息，千里关山劳梦魂。
无一语，对芳尊。安排肠断到黄昏。甫能炙得灯儿了，雨打梨花深闭门。

梦里听到枝上黄莺的啼叫，惊得人泪流满面，旧的泪痕还未干，心上的人儿，整个一个春天未曾有过家书传来，只有在梦里相见。起床后，独自一个人，和谁说话呢？独自对着精美的酒杯，打算独饮到黄昏，灯油都烧尽了，只听窗外雨打在梨花上，关着门都能听到呀。

纵然腹中有酒，又怎么能淹没那日日夜夜的相思呢？

静静地听雨吧，任由相思漫过来，浸没词人的心。

徐北文评："这首小词玲珑别致、活泼跳脱。运用了'以少总多''乐景写哀'等艺术手法。"

若是能有书信可读，那也是幸福的相思吧。不然，朱淑真怎么会写道："欲寄相思满纸愁，鱼沉雁杳又还休。"

在通信不发达的古代，不过是一缕相思叠着一缕相思，新泪掩过旧泪，李清照所能做的，就是写下它们，留与后人赏。

第二章
东莱不似蓬莱远

01 寻夫莱州

青州十年的光阴,转瞬即逝。

公元1121年,李清照已经38岁了。从28岁到38岁,在最美好的年华,过着最悠然的生活。

李清照不想再忍受相思之苦,便踏上了前往莱州的道路。与其空相思,不如采取行动。

行至昌乐时,李清照在一家旅馆住宿,写了一阕词,给自家姊妹:

蝶恋花·晚止昌乐馆寄姊妹

泪湿罗衣脂粉满,四叠阳关,唱到千千遍。人道山长山又断,萧萧微雨闻孤馆。

惜别伤离方寸乱,忘了临行,酒盏深和浅。好把音书凭过雁,东莱不似蓬莱远。

李清照是家中长女,有弟弟李远。李远是其父亲与继母所生。李清照并无其他姊妹,这里应该是寄给她家族中的姊妹,或堂姊妹,或表姊妹。她的姊妹还留在青州,一时有所感触,便赋词抒怀。

"四叠阳关",出自王维的《渭城曲》:"渭城朝雨浥轻尘,客舍青青柳色新。劝君更尽一杯酒,西出阳关无故人。"这首诗被后人谱入乐府，就叫《阳关》，唱此曲来传达依依送别之情。末句要叠唱三遍，来传情。送别的曲子唱了千千遍，夸张手法，让人感到难以分别的深情。

"东莱"即莱州，今山东莱州市。"蓬莱"是传说中海上仙山的名称。幸运的是，莱州比不上传说中的仙山远，纵然山道艰难且漫长，但只要在路上，总会有到的那一日。

李清照希望可以与小姊妹经常传递书信，以诉分别之苦。

"真可谓'若九曲湘流，一波三折'。可见作者才情敏赡，有才女如此，真是中国文坛的骄傲。"徐北文评价道。

从青州到莱州，大约三百多里路，马车颠簸，山长水远，总算于八月十日抵达莱州，所有的艰辛都是值得的，李清照与朝思暮想的赵明诚相聚了。

02　乌有子虚

宣和三年（1121年）八月，李清照结束了在青州十多年的生活，追随赵明诚至莱州。不过，重聚首的情形，与她一路上想了很多遍的相聚欢有所不同。

她被单独安排在一间屋子里，本该是执手互诉相思的夜晚，李清照却一个人度过，这滋味，着实难言，她作了一首诗，名《感怀》，并为之写了序：

> 宣和辛丑八月十日到莱，独坐一室，平生所见，皆不在目前。几上有礼韵，因信手开之，约以所开为韵作诗。偶得"子"字，因以为韵，作感怀诗。
> 寒窗败几无书史，公路可怜合至此！
> 青州从事孔方兄，终日纷纷喜生事。
> 作诗谢绝聊闭门，燕寝凝香有佳思。
> 静中吾乃得至交，乌有先生子虚子。

莱州对于李清照来说，除了赵明诚，一切都如此陌生。苦闷之下，决定写诗，看到桌子上有《礼部韵略》，便随手打开一页，得"子"字韵，"子"是险韵，不好写啊。可对李清照来说，越难写，越有挑战，她就越兴奋，越要迎难而上。

张爱玲曾说过："洗了一个澡，换了一身衣服，出了门却不知道去哪儿，不知道去找谁，漫无目的走着，大概这就是成年人最深的孤独吧！"

李清照对于孤独的诠释是这首《感怀》诗。此时的李清照已经38岁了，体验过"甚霎儿晴，霎儿雨，霎儿风"的风云变幻，品尝过"渐一番风，一番雨，一番凉"的人生冷暖，与赵明诚历经几番别离聚首，还有什么是她不曾领略的风景呢？

人生没有最低谷，只有更低谷，很多时候，身不由己，当命运的齿轮开始转动，就从未有过停息的片刻，只要尚在滑落的途中，这种暴风雨的洗礼，就会一遍又一遍地来袭。

至于什么时候停息，谁又知道呢？

坐在人生摇曳的小舟之中，李清照会做什么呢？

抵达莱州后，李清照见到的赵明诚是什么样子的呢？

与那个在青州与自己赌书泼茶的人是同一个吗？与那个收到"帘卷西风，人比黄花瘦"就闭门谢客，绞尽脑汁作词50首的是同一个人吗？如今，李清照依旧爱花、惜花，却已经不再是那个"徒要教郎比并看"的小娘子了，而赵明诚呢，也少了些闲情逸致的雅兴。

孤独的夜里，唯有与诗相伴。

苦吗？只是苦中尚且还有乐趣，这乐趣就来源于作诗。

03　孤独之深

赵明诚给李清照安排的屋子有些破败，书案甚是简陋，没有一本诗书和史集，给人一种穷途末路的感觉，什么都没有。

"公路"是汉末袁术的字。袁术出身名门，结局却很悲惨，根据《三国志·袁术传》中所述可知，后期袁术所带的士兵没有了粮食，当时又是盛夏，想要蜜浆也没有，袁术坐在床上叹息良久，说了一句:"袁术至于此乎!"下床时"呕血斗余",死了。

赵明诚与李清照虽说不是那种大富大贵之人,但也不至于如此清苦寒酸。李清照用袁术的典故来说明屋子里一无所有,处境甚是凄惨。

"青州从事"是指好酒。这事和齐桓公有关。在《世说新语·术解》中有记载:"桓公有主簿善别酒,有酒辄令先尝,好者谓'青州从事',恶者谓'平原督邮'。"

齐桓公手下的一个主簿擅长辨别酒的好坏,他把好酒称作"青州从事",把拙酒、劣酒称作"平原督邮"。用的是谐音戏谑手法。青州这个地方有齐郡,"齐"谐音"脐","从事"是古代官名,意思是好酒的酒力一直到脐部的位置。督邮是古代官名,劣酒、浊酒的隐语。平原这个地方有鬲县,"鬲"与"膈"同音,意思是说拙酒的酒力只能到达胸腹之间。

"孔方兄"指钱。古代铜钱外圆内方。"故能长久,为世神宝,亲之如兄,字曰'孔方'。"鲁褒称钱亲如兄弟,李清照用"孔方兄"来戏谑,甚是有趣。

她称好酒、钱都是惹是生非的东西,虽好,却扰人心智。倒不如闭门谢客作诗来得有趣、清净。

"燕寝凝香","燕寝"指官员住所。在自己的住处焚香静思,才能有好的构思,写出好诗来。

今晚,李清照称自己得到了两个至交朋友,一个叫乌有先生,另一个叫子虚先生。子虚乌有,还是什么都没有。李清照用司马相如《子虚赋》中的虚构人物来说明自己至深的孤独,甚是幽默,自嘲中多了一份乐观与豁达。

徐北文称此诗"虽为因闲而作,却绝非赋闲之篇,诗人的理想、情操、品格皆融于诗中,是一首较好的述怀诗"。

探究李清照这种孤独何来?有人猜测和赵明诚纳妾有关。

04 心知肚明

"一生一代一双人,争教两处销魂。相思相望不相亲,天为谁春？"

写下"一生一代一双人"的纳兰性德，短短三十余年生命历程中有过四个妻妾，王国维称他是"北宋以来，一人而已"，是大清的第一情种，写下300多首词作，一生为爱所困。

一生，得一人，白首不相离。这是大多数人心中爱情和婚姻的理想状态。不管能否做到，都是心向往之的。

能做到的人——尤其是在古代，寥寥无几。

北宋的开封，简直就是男人的福地。汴京城里的男人没有不纳妾的。宋徽宗后宫多少佳丽自不必说，就是文武百官，工资津贴高，皇帝常有赏赐，纳妾狎妓成为风尚。有位官员叫宋祁，他与同僚在江上聚餐饮酒，到了半夜天凉，派下人回家取衣服，谁知家里的妻妾们争着给他送衣服，数数竟然有十多件，无愧于"妻妾成群"这个词语啊。

正所谓"书中自有颜如玉"，对男子来说，读书做官都得到满足后，那就是美人在怀、饮酒赋诗。

赵明诚是否纳过妾，史料没有明确记载。根据当时的风气来看，纳妾的可能性是有的。况且，从21岁到41岁，转眼20载过去了，此时，他与李清照的婚姻进入了倦怠期。赵明诚重返仕途后，有了官位，顺应当时的风气是极有可能的。

再加上"无后为大"的观念，不为自己，为了家族，赵明诚也不得不多考虑，或许在母亲的推动下，半推半就间顺从了也未可知。

赵明诚的母亲郭氏并非等闲之辈，她曾被封为秦国夫人。受她父亲的影响，她也是一个敢说敢做的人。陆游在《老学庵笔记》卷四中有过对她的记载："赵正夫丞相薨，车驾临幸，夫人郭氏哭拜请恩泽者三事：其一乃乞于谥中带一'正'字，余二事皆即许可，惟赐谥事独曰：'待理会。'平时徽庙凡言'待理会'者，皆不许之词也。正夫遂谥清宪。"

当年赵挺之突然离世后，是郭氏借着遗体告别的机会向宋徽宗提出请求，虽有一个条件未被允许，但可见其胆识和心机。后来她带着全家人去往青州居住，这次赵明诚重返仕途，她是十分高兴的。

郭氏眼见赵明诚与李清照成婚多年却一直无子嗣，她肯定会着急，并催促赵明诚。婚后几年，赵明诚与李清照十分恩爱，纳妾的可能性不大。在青州，闲居生活中，赵明诚大可以以"无官职在身"搪塞过去，但如今，赵明诚有了官职，眼下也正是朝廷用人之际，赵明诚前途尚可，那么，纳妾延绵子嗣这件事，赵明诚很难再逃过去。

李清照见到赵明诚今非昔比，会是什么心情呢？

当然，这一切只是后人的猜想。

从李清照的诗词中从未见过怨言，她清楚，与赵明诚是夫妻，是一体，是荣辱与共的。她大概更清楚，单凭一己之力，无法求一个"一生一代一双人"，甚至她从未多想过。

在她的世界里，赵明诚并不是全部。

她还有诗词，还有一种高雅的志趣、一种超越的情怀、一种不凡的气概。这是她身上如星辰般熠熠生辉的东西。

李清照的一生，写过不少词、诗、散文，留存下来的确定的诗大约有19首，这些诗作中不乏对政治的关注、对国家的忧思、对个人心迹的剖明、对理想生活的表达……如果说她的词，是一幅幅简洁素雅的白描画，那么，她的诗，便是铿锵有力、有骨有节的歌。

李清照能将"四叠阳关，唱到千千遍"，写尽惜别之情，面对莱州的变数，对相聚时的情景，她只字不提，只认了"乌有先生"和"子虚先生"。

人生来就是孤独的，如何面对孤独，将人区分成了不同的类别。有人纵情酒色，有人畅游名利场，而李清照选择了与孤独为友，作诗为伴，苦中作乐，高调地宣扬自己不贪名利、不慕权贵，宁可孤傲地活，绝不苟且于人世间的思想。

第三章
桂子飘香张九成

01 战事不断

公元1122年12月,宋徽宗甚是喜悦,他最重视的工程——艮岳建成,耗时整整5年。为了它,宰相蔡京专门设立机构,运来全国各地的奇珍异宝,将它打造成中国古代皇家园林的最高峰建筑之一。

与汴京城的奢侈生活相比,李清照在莱州过着朴素的日子。

她把之前完稿的《金石录》拿出来校勘,并为之写题跋。而赵明诚则抽出时间继续搜辑古碑文,在二人共同的打磨下,《金石录》愈加完善。而李清照已经成为当时优秀的金石学家了。

转眼又是一年。

宣和五年,临淄县出土了十几件古器物,赵明诚知晓后,即刻出发,前往临淄县,为其中的古物拓铭文。

政治上,"六贼"之一的童贯领兵出发攻打辽国。

童贯在之前剿灭起义军中曾立过功,升迁成为太师,改封为楚国公。

此前,北宋和金国结成海上之盟,共同对抗辽国。协议书上写着金国攻打辽国的中京,北宋攻打燕京。童贯率领20万大军浩浩荡荡地北伐燕京。

结果竟失败而归,让宋徽宗猝不及防。

此前镇压起义军并未让宋徽宗得到教训,这次的伐辽失败依旧未受到重视,宋徽宗没有及时反思,任由北宋军队腐化,这也为后来北宋的灭亡埋下祸根。

最终燕京还是被金国人攻占，为此，北宋每年要多付给金国一百万贯钱。

辽国已灭，宋金两国瓜分辽国土地，宋徽宗自认为可以高枕无忧了，哪里知道金国人的野心和残忍呢？

燕京被金国人攻占后，金国皇帝金太祖便把燕京的大部分居民俘虏到东北做奴隶，只是将一座破败不堪的空城留给宋人。可笑的是，童贯此人甚是无耻，竟堂而皇之地对宋徽宗说已攻下燕京，更可笑的是，宋徽宗还为此封童贯为广阳郡王。

如此荒唐行径，北宋落到他们手中，不亡才怪。

1123年6月，金太祖病死，他生前答应将朔、武、蔚这三州先归还给宋朝的事也因此中断了。皇位由他的弟弟完颜晟继承，史称金太宗。

02　金兵南侵

1125年，辽国灭亡，西夏向金国称臣。由此，金国在西部和西北部便没有了后顾之忧。金国的势力越发强大，其野心越发膨胀。

金国第二任皇帝完颜晟毫不犹豫地做出了决定——灭了宋朝，全然不顾什么"海上盟约"。

童贯得知金国要攻打过来时，他吓得瑟瑟发抖，毫无应对之策，便想要割两河之地向金人谢罪。当时一同在太原的守将张孝纯十分看不起童贯所为，谴责道："是金人背弃盟约，咱们要向他们谢什么罪呢？眼下应该号令天下兵马誓死抵抗，与金兵决一死战才是啊，怎么可以放弃逃跑，将土地拱手相让呢？"

岂料童贯训斥，说他受命不是来守疆土的，是为了宣抚的。

眼看着金兵气势汹汹而来，国将不国，往日里这些霸占朝野的奸臣们只想着如何逃跑、保命，爱国的将士们岂能不心寒。

这几年，莱州无战事，李清照与赵明诚继续整理《金石录》。李清照尤其上心，在不断地校勘中，她的文字能力得到了升华。

同年10月，金兵一路攻打到汴京城，宋徽宗吓得直接晕死过去,他万万没想到金兵会这样长驱直入,就在不久前,他们还是同盟国,一起灭辽。群臣赶紧灌药急救,好不容易让他醒过来。

宋徽宗醒过来第一件事就是要纸笔,他生怕自己成为亡国皇帝,连夜将皇位传给儿子赵桓。

赵桓已经26岁了,他当了很多年的太子,万没想到是这样的情况下继承皇位的。他不想,可群臣直接拿着诏书,把他按到皇位上,他怕落下个不孝的罪名,不情不愿地当上了北宋的第9位皇帝。赵桓即位后,改号"靖康"。

赵桓从小就是一个不受爸爸疼爱的孩子,性格优柔寡断,根本就没有做皇帝应有的杀伐果断的特性,不过他即位后不久,面对气势汹汹的金兵,及时纠正父亲的过错:立即贬了蔡京、童贯等奸臣,重用李纲抗金。

消息传到莱州,李清照甚是震惊。北宋岌岌可危。

03 对联嘲之

有一日,赵明诚和李清照邀约文人墨客来做客,酒宴桌上,少不了要吟诗作对,这次有人提出新玩法——用当代著名文学家的名字来作对联。

李清照当即作出:

"露花倒影柳三变,桂子飘香张九成。"

柳三变指柳永,生活的年代比李清照稍早些,婉约派词人代表,中国写词历史上慢词第一人。柳词在当时特别流行,可谓"凡有井水饮处,皆能歌柳词"。柳永的词多反映文人的怀才不遇和市民、歌姬生活。他有过一首《破阵乐》词,其中有云:"露花倒影,烟芜蘸碧,灵沼波暖。"

李清照在《词论》中称柳永的词"虽协音律,而词语尘下"。

张九成,就生活在汴京,与李清照是同时代人,他十分喜欢桂花,写有《闻桂香》之诗:

清晨未盥栉，桂香递秋风。
不知此花意，何为恼衰翁。
举头复何有，燕雁书晴空。
景物如此好，谁云吾道穷。

更有"澄江泻练，夜桂飘香"之句广为流传。在北宋灭亡之后，他是主战派，可惜的是，当时秦桧等奸臣当道，他被贬逐，怀才不遇，但始终认为自己的"道"是正道，自己主张的是光明之道。

此联一对，众人称之，绝妙。

这副对联既是嵌字联，又是集句联：将人名与其所作的文句结合，对仗工整。尤其是"成"对"变"，其中大有关联：《周礼·大司乐》中云：乐有六变、八变、九变。《礼记·乐记》有写：再成、三成、四成、五成、六成。王学初先生在《李清照集校注》中解释道："变也成也。"可见李清照的文学功底深厚，且运用自如。

至于李清照更倾向于谁，不言而喻了。

04　烹茶共赏

公元1126年，当金兵攻打东京城时，还好有李纲率领军士们誓死抵抗，暂时保住了东京城。

李纲被后人称颂为两宋之际的抗金名将。"会当扫动豺狼穴，国耻乘时须一雪。酒酣拔剑斫地歌，心胆开张五情热。""耕犁千亩实千箱，力尽筋疲谁复伤？"他所作的诗词多和报效国家有关，有一颗纯纯的爱国心。

眼看势如破竹的金兵势不可当，宋钦宗想要迁都，是李纲力荐良策，整顿兵马，号召百姓，同时等待各地援兵到来解围，这才最终打退了金兵。

遗憾的是，主和派这些跳梁小丑又跳出来，主张向金兵求和，宋钦宗左右摇摆，李纲被小人弹劾，遭贬，当金兵再次攻打东京城时，他已经赶不回来解救了。

宋徽宗称李纲"当书青史，垂名万世"。一人之力，难以救国。此时的北宋，早已被宋徽宗、蔡京等弄得摇摇欲坠了。

到了12月，金兵已经攻破了东京城。

这一年，赵明诚被调到淄州做官，李清照和赵明诚一起在淄州生活。

一日，赵明诚有幸得到白居易写的《楞严经》，赶紧烹茶，邀妻子同赏。

《楞严经》是著名的佛教经典。白居易不仅仅是著名诗人，更精通画画、音乐，书法也不失书法家的风度，《宣和书谱》中赞他的书法"作行书妙处，与时名流相后先。盖胸中渊著，流出笔下便过人数等"。

晚年的他隐居洛阳，信奉佛教，宁静恬淡，所作之书笔势翩翩、萧疏朗润、怡人心目。赵明诚和李清照看了又看，甚是欢喜。

赵明诚跋《楞严经》中记载："因上马疾驱归，与细君共赏。时已二鼓下矣，酒渴甚，烹小龙团，相对展玩，狂喜不支。"细君是妻子的代称，指李清照。"小龙团"是团茶中的精品。

夫妇二人得到宝贝后，煮上好茶，一同把玩，其中的欢喜，两人眼神对视便一一明了。看来，赵明诚与李清照的情感之所以牢固，志趣相投是其中很关键的因素。

二人举案齐眉时，何曾想过会有国破家亡的那一日呢？

第四章
春意看花难

01 靖康之耻

北宋完全是被徽宗、钦宗二帝作死的。

如果宋钦宗听从李纲的建议,等到救援赶来,一起把金兵赶走,在此后的治国中,选拔贤能之人,北宋尚可保住。要知道当时金兵区区几万人,而北宋大军有 20 多万。

偏偏他要听信主和派的谗言,要向金兵妥协,酿成大祸。对金人来说,求和也不是不可以,要求北宋赔偿五百万两黄金、五千万两银币,并割让中山、河间、太原三镇给金国。

更可笑的是,宋钦宗竟然抱着不切实际的希望,亲自去金兵大营求和,结果,他被金兵扣押了。

原本尚且可与金兵一战,这下好了,皇帝亲自跑到敌人手里,这仗怎么打。

到了公元 1127 年,也就是靖康二年四月,宋徽宗和宋钦宗双双被金人俘虏,金太宗看不起二帝,下诏废除他们的皇帝之位,贬为庶人。当时跟在宋钦宗身旁的官员李若水对金人破口大骂,最终被割断咽喉、割下舌头而亡。

金人进入东京城,开始肆意洗劫,烧杀掳掠,缴获大量财物和奇珍异宝,其中就包括宋徽宗多年的珍藏,宋徽宗听到金人的行径没有多说什么,倒是听闻金人抢走收藏时,才愤怒地大骂金人。这可真是视生命与国家不顾,一心扑在艺术上。

金人不仅掳走皇帝,还把皇族子弟、后宫嫔妃、辅臣工匠等数千人一同掳走到遥远的东北。

北宋还用女子来抵金银给金国人。根据《开封府状》记载:"选纳妃嫔八十三人,王妃二十四人,帝姬、公主二十二人,人准金一千锭,得金一十三万四千锭,内帝妃五人倍益……采女六百单四人,宗妇二千单九十一人,人准银五百锭,得银一百五十八万七千锭。"根据统计,被抵押折价的各类女子竟达到了一万一千六百三十五人。

金国分两路押送宋人,一路浩浩荡荡的队伍竟达到了十万多人。

至此,北宋亡。因这一年年号"靖康",史称"靖康之耻"。

靖康之耻是宋朝人永远的耻辱,此后,他们发誓要一雪前耻。

02 兵变家毁

皇族中有一人逃过一劫,那就是宋徽宗的第9个儿子赵构,金兵攻陷东京城时,他刚好在外地。

1127年5月,赵构在南京即位,改元建炎,建立南宋,后来又把都城迁移到临安,也就是今天的杭州。

7月时,赵明诚被调到江宁为官,李清照惦记着文物,担心被毁,就没有追随丈夫前往江宁,而是赶去青州,夫妻二人再次分道而行。

再次回到青州,李清照没有时间感怀,而是匆忙将十大间屋子的文物一一作了筛选,把其中珍稀、便于携带的文物装上马车,尽管挑了又挑,选了又选,还是装了足足15车,匆匆南下,前往江宁,投奔赵明诚。

就在李清照走后不久,青州就发生了兵变,很多房屋被烧毁,其中包括李清照与赵明诚的家,那些没有来得及带上的文物全部被战火焚烧殆尽。

听闻这个消息,李清照"教我甚情绪",叫她有什么情绪,悲伤不已、惋惜不已,都不足为道,国破家亡,今后的路,何去何从?

多年的心血,就这样毁于一旦。那些与赵明诚举案齐眉、赌书泼茶的美好日子真的一去不复返了。

03 思乡忧国

青州失陷,家藏的十多间房屋的字画古器毁于一旦。得知这一消息的赵明诚十分难过,李清照又何尝不是。

不只是青州,一路上,何处不是一片狼藉,满目的凄惨,于是,她写下《菩萨蛮》:

> 归鸿声断残云碧,背窗雪落炉烟直。烛底凤钗明,钗头人胜轻。
>
> 角声催晓漏,曙色回牛斗。春意看花难,西风留旧寒。

鸿雁的啼叫使人断肠,残云碧空之下,满目凄凉。窗外又飘起了雪花,无心赏雪,室外焚烧的烟笔直地冉冉升起。

微弱的烛光下,头发上的饰品很轻巧,明晃晃的。

"人胜"是古代女子佩戴的剪成人形的头饰。古代人把农历正月初七这一日称做"人日",按照习俗,人们会剪彩或刻金箔为人形,贴在屏风或戴在头发上。

拂晓之际,听到号角之声。"角声"指古代军队中吹的号。

天渐渐亮了,斗转星移,这春色会如故吗?只怕看花难啊,这早春中残留的西风依旧寒冷,会有不畏惧严寒的春花出来报春吗?

李清照担心的何止是春天的花儿,更是国家的安危。

此时,赵构建立的小王朝,偏安一隅,能够在动荡不安的政局中,如春天般照旧明媚起来吗?

"一年伊始,在寒凝大地的氛围中,作者联想到国家和自身遭遇,心情格外沉重。"潘君昭称这首词:"写于作者南渡后,在异乡过人日的景况,以及由此而引起的思乡念人之情。"

刘瑜评价:"其意境深邃、幽邈,有'不着一字尽得风流'之妙。"

04　怀念故国

靖康之耻,让多少宋朝文人扼腕叹息。张元干,北宋末年以词著称于时,南渡后,他不愿意与奸臣同朝为官,弃官而去。他作有:

兰陵王·春恨

卷珠箔,朝雨轻阴乍阁。阑干外、烟柳弄晴,芳草侵阶映红药。东风妒花恶,吹落梢头嫩萼。屏山掩、沉水倦熏,中酒心情怯杯勺。

寻思旧京洛,正年少疏狂,歌笑迷著。障泥油壁催梳掠,曾驰道同载,上林携手,灯夜初过早共约,又争信飘泊。

寂寞、念行乐。甚粉淡衣襟,音断弦索,琼枝璧月春如昨。恨别后华表,那回双鹤。相思除是,向醉里、暂忘却。

词人追忆昔日东京城的美好生活,元宵灯节,本是游乐之际,谁曾想到东京突然沦陷,要过着漂流的生活呢?山河春色依旧在,却再也回不去从前。

陈与义的词不多,却有一定的质量。他曾写"二十余年如一梦,此身虽在堪惊"。想到北宋末年大动乱的生活,变化太多,如梦一般。金兵占领东京后,很多人不得不外出避乱,陈与义就曾"避乱襄汉,转湖湘,逾岭峤",一路艰辛,最后偏安到南宋朝廷里,此时此地此景,如何不震惊,久久难以回过神来啊。

怀念故国的还有向伯恭:"而今白发三千丈,愁对寒灯数点红。"即使愁白了三千丈的发丝,昔日的东京城再也无法回到从前了。

卷六 国破家亡……故乡何处是?……忘了除非醉

第一章
可怜春似人将老

01　徽宗绝笔

"靖康之变，耻莫大焉。仇雪耻，今其时矣。"《永乐大典》中记载。这部书相当于古代的数据库，资料非常丰富，全书约4亿字，可惜散落各处。

亡国之痛，对赵佶如何？宋徽宗做了25年荒淫腐败的皇帝，他的所作所为极大地促进了北宋书画艺术的发展的同时，也加速了北宋王朝的灭亡。

他被金人掳去后，又过了9年耻辱的俘虏生活，最后死在五国城，终年54岁。

传闻宋徽宗写下《燕山亭》这阕词后，就绝笔而去：

燕山亭·北行见杏花

裁剪冰绡，轻叠数重，淡著胭脂匀注。新样靓妆，艳溢香融，羞杀蕊珠宫女。易得凋零，更多少、无情风雨。愁苦。闲院落凄凉，几番春暮。

凭寄离恨重重，这双燕，何曾会人言语。天遥地远，万水千山，知他故宫何处。怎不思量，除梦里，有时曾去。无据，和梦也，新来不做。

一国之君，在押送途中曾经受尽凌辱，他的爱妃、女儿被金人强行索去，据《开封府状》记载，当时有封号的妃嫔、女官共

143人，无封号的宫女多达504人。其中有女子不甘受辱，为保名节自尽而亡，其中一个叫王婉容的爱妃便是如此，她被金国的皇帝追为烈女，立下贞节牌坊。《宋子虚咏史》中有记载：《咏宋宫人王婉容》云："贞烈那堪黜房求，玉颜甘没塞垣秋。孤坟若是邻青冢，地下昭君见亦羞。"

更多被掳的女子则是受尽凌辱后，被百般摧残身亡。在记载名册上很多只有出生日期，并无死亡日期，不知有多少亡魂游荡在押送的路上。

到金国都城后，宋徽宗与儿子钦宗受尽凌辱，父子二人穿着丧服去谒见金太祖完颜阿骨打的庙宇，被作为俘虏献给金国太祖。金国人对北宋人百般折磨，作为胜利一方，极其野蛮、无耻。

宋徽宗被金国皇帝封为昏德公，囚禁起来。宋徽宗精神上受尽了折磨，写下不少哀怨、凄苦的诗句，比如："彻夜西风撼破扉，萧条孤馆一灯微。家山回首三千里，目断天南无雁飞。"

《燕山亭》是其中代表作，也是传闻中的绝笔作。

曾经繁华的皇宫生活，可惜啊，被风雨无情地摧残，心底的忧愁和痛苦难以名状，这到底什么时候结束？春来春又暮，这院子里只剩下凄凉。自由的双燕飞来飞去，能否请你们代为传述，可是你们怎么能懂人的语言？"我"对故国的哀思，故国的人可曾知道吗？

地遥山重水阻，"我"大宋的故宫神祠啊，心中无限思念，奈何"我"去不了，也不能像双燕那样飞去了，只有在梦里，夜深人静之时，恍惚梦到。

都说做梦是假的，世人又怎么会知道，这梦中短暂的慰藉对"我"这个行尸走肉亦是一种赏赐啊！难受的是故土遥远、岁月如梭，很多生活连做梦都梦不到啊。半夜辗转反侧地清醒着，这种痛苦，谁人懂？

明朝杨慎在《词品》（卷六）："宋徽宗北随金虏，后见杏花，作《燕山亭》一词云：……词极凄惋，亦可怜矣。"

"燕不会人言语一层、望不见故宫一层、梦里思量一层、和梦不做一层，且问且叹，如泣如诉。总是以心中有万分委曲，故有此无可奈何之哀音,忽吞咽、忽绵邈,促节繁音,回肠荡气。况蕙风云:'真'字是词骨,若此词及后主之作,皆以'真'胜者。"唐圭璋评道。

02 亡国之君

宋徽宗的词写尽了悲伤、凄凉,却没有一丝悔恨之意。

这个机缘巧合之下登上皇位的皇帝,凭自己的贪心加速了北宋的灭亡,置百姓的生活于水火之中。

可惜他的哥哥宋哲宗短命了些,死后又无子嗣,在向太后的力荐下,帝位才轮到了宋徽宗。当时,皇位按照祖宗规定,本应由宋神宗长子赵佖继承,但因他小时候患过急惊风导致他成为盲人。当时的大臣章惇力荐赵似为皇帝,遭到向太后的反对,向太后无子,赵似和宋哲宗赵煦是一母同胞的兄弟,向太后怕他们的母亲朱氏的地位胜过自己,又见赵佶经常来给自己请安问好,非常有礼貌,便立赵佶为帝。

赵佶生于公元1082年,比李清照大两岁。他是宋神宗的第11个儿子。传说他出生前,宋神宗曾看到过南唐后主李煜的画像,"见其人物俨雅,再三叹讶",之后赵佶便出生,取名"佶"字,古汉语中有作为正、健壮的意思。

"生时梦李主来谒,所以文采风流,过李主百倍。"传闻因为梦到过李煜,生出来的赵佶就文采风流,胜过李煜百倍的说法不足为信,不过赵佶与李煜确实有共同之处,同为亡国君,同样文采风流,涉及的艺术范畴广:书法、绘画、音律、诗和文……李煜在词作上更胜一筹,而赵佶则在书画上表现出非凡的天赋。

"春花秋月何时了?往事知多少。小楼昨夜又东风,故国不堪回首月明中。雕栏玉砌应犹在,只是朱颜改。问君能有几多愁?恰似一江春水向东流。"

这阙《虞美人》是李煜的绝命词,写完这首词后,他就被宋太宗毒死在汴梁城。

亡国前,日日歌舞升平、花前月下、不理朝政,亡国后的哀愁，说不尽，根本说不尽啊。

这两位亡国君，后来经常被拿来作对比：

清朝贺裳在《皱水轩词筌》评："南唐主《浪淘沙》曰：'梦里不知身是客，一晌贪欢。'至宣和帝《燕山亭》则曰：'无据。和梦也新来不做。'其情更惨矣。呜呼，此犹《麦秀》之后有《黍离》也。"

同样是做梦，一个梦里不知身是客，一个想做梦也梦不成，何其哀愁、悲凉。梁启超有过评价："昔人言宋徽宗为李后主后身，此词感均顽艳，亦不减'帘外雨潺潺'诸作。"

03 醉莫插花

回看李清照的前半生，幼时在明水镇上自由快乐地成长，童年及少女时代在东京城过着富足幸福的日子，伴随她的总是阳光和鲜花。

后来与赵明诚成婚，亦是甜甜蜜蜜。即使受政坛动荡影响，尚能在青州与夫君志趣相投，过着隐居的田园生活，远离朝野，自得其乐，倒也不失为一种风雅。

朝廷内部的党争，还是关起门来自家人磨嘴皮子，可当金国攻陷东京城，那就是一场腥风血雨，不是退隐和远离就能够安然度过的。

公元1127年7月，赵明诚在江宁任知府，江宁位于今天的南京。李清照与赵明诚相聚后，日子徐徐向前。

上巳节这一日，也就是阴历三月三日。具体哪一年已无从考证，李清照宴会亲族时，有了感想，作《蝶恋花》：

蝶恋花·上巳召亲族

永夜恹恹欢意少。空梦长安，认取长安道。为报今年春色好，花光月影宜相照。

随意杯盘虽草草。酒美梅酸，恰称人怀抱。醉里插花花莫笑，可怜春似人将老。

长夜漫漫，越发消磨人的意志力，提不起一点儿精神，郁郁寡欢啊。如今只能在梦里见到昔日的东京城了，竟还能辨认出那些熟悉的街道呢。

这家的饭菜好吃，那家的酒甚是芳香，还有卖花担上的满箩筐的春意……

如今的春色依旧好，花儿与月影互相照应着，彼此相宜。

这次宴席，比不上往日的奢华，简简单单的，酒却是美酒，梅子酸酸的，味道都不错，表面上还是很称心如意的。喝醉了，就插花，满瓶的春意，甚是好看。花儿啊，你不要取笑"我"，春天的脚步匆匆，岁月如梭，转眼老将至。

上巳节之际，古人会去水边戏游，称为"修禊"，意在驱除不祥，争取吉利。这对古人来说是一次"群贤毕至，少长咸集"的盛会。王羲之曾写过"暮春之初，会于会稽山阴之兰亭，修禊事也"。

而今不同往日，上巳节简单许多，对于节气物候的敏感依旧在。"插花"之举，请花莫笑，引起多少故国之思啊，"莫插花、莫插花"，还是插花了，词人为了避免引起愁苦，告诫自己和亲友莫插花，可还是插花了，此情真是无时不在，起心动念间，怎么能不想起昔日京城的生活呢？

李清照的人生感慨、忧国情怀，唯有通过词作委婉曲折地去表达了。其中的悲叹，让人不忍卒读。

04　有志报国

史上，每逢亡国之际，多为世人感慨。

西晋原都洛阳，最后的皇帝被掳后，元帝立于建康，史称东晋。晋室渡江而南，因此称为"南渡"。

南渡之后，有一个叫王导的人，被任命为宰相，辅助元帝，历仕三朝，为东晋的兴盛做出了不少功劳，是东晋政权的奠基人之一。

《世说新语》中记载过"楚囚相对"的故事，南渡的士人，每到闲暇就到新亭饮宴。一次聚会时，其中一个名士叹息道："风景不殊，正自有山河之异。"

如今风景和往日一样，江山却换了主人。

这些南渡士人没有一个不怀念故国故土的。

在座的名士听了纷纷落泪伤心。

这时，王导站出来开导大家："当共戮力王室，克复神州，何至作楚囚相对泣邪？"

王导说："我们大家应当合力效忠朝廷，光复祖国，怎么能这样坐着哭泣如同亡国奴一般呢？"

众人听了，都以为然，收住眼泪，向王导道歉。

还有一个叫刘琨的人，和王导同时代，南渡之后，他留在了北方。《世说新语》中记载过他的故事：

刘琨虽然被隔离在敌人的军营中，心里却记挂着原来的朝廷。

他曾经对温峤说："班彪识刘氏之复兴，马援知汉光之可辅。"班彪能够预知刘氏的复兴，马援也知道汉光可以辅佐，如今，晋朝虽已败落，但天命还没能改变，他想要建功立业。

刘琨后来被害，但他为晋朝所做的努力值得称颂。

李清照用王导和刘琨这两个人物写过"南渡衣冠少王导，北来消息欠刘琨"之句。其他句子已经失传，只在后人的集子中流传下来，虽然可惜这样残缺，看不到完整的诗词，却仍旧庆幸，细细品之，可知李清照对当时新建立的南宋有着清晰的认知。

眼前的南宋与当初的晋朝多么相似啊，她多希望南宋可以多些像王导、刘琨这样忠心耿耿、有志报效国家的人才啊，这样的人才多了，南宋才有希望，百姓才有可能过上幸福的日子啊。

第二章
试灯无意思，踏雪没心情

01　畏敌如虎

赵构建立南宋，是宋朝的第10位皇帝，在位35年。起初，他为了保住南宋政权，起用李纲、岳飞等主战派与金人战斗。后来，他见金国越来越强势，害怕起来，怕自己会像父亲和兄弟那样丢掉皇位，不断地向金国求和，低声下气、可怜兮兮地说："我都逃到南方了，你们就放过我吧。"堂堂一国之君语气如此卑微、低贱，真是让人悲愤。

提到赵构，宋朝百姓都恨之入骨。他为了将自己的投降事业进行到底，把奸臣秦桧当作亲信，共同以莫须有的罪名谋害了抗金英雄岳飞，以此为条件向金人求和，还送去不计其数的礼物，每年都向金国送去银钱、马匹等。

一国之君，不为百姓求和平，不为国家兴盛，只为自己的苟且偷安，如此无耻，令人扼腕。

南宋朝廷如此，怎么不令有识之士叹息、悲鸣。

岳飞的《满江红》至今犹在耳畔长悲：

怒发冲冠，凭栏处潇潇雨歇。抬望眼，仰天长啸，壮怀激烈。三十功名尘与土，八千里路云和月。莫等闲、白了少年头，空悲切。

靖康耻，犹未雪；臣子恨，何时灭！驾长车，踏破贺兰山缺。壮志饥餐胡虏肉，笑谈渴饮匈奴血。待从头、收拾旧山河，朝天阙。

山河破碎，在江宁的李清照经常登城远眺。

《清波杂志》卷八有云："顷见易安族人言，明诚在建康日，易安每值天大雪，即顶笠披蓑，循城远览以寻诗。得句必邀其夫赓和，明诚每苦之也。"

面对南宋朝廷的苟且偷安，李清照又作诗嘲讽：

"南游尚怯吴江冷，北狩应悲易水寒。"

江南气候温暖，身在江南，却害怕水冷；北方中原故土，收拾旧山河时，岂不更加害怕北方的寒冷气候啊？

言下之意，南渡的士人，因为失去了故国家园，觉得江南的水是冷的，而身在北国被俘虏的人，心境更加寒冷。

南宋小朝廷害怕敌人像怕老虎一样，再也没有"壮士一去兮不复还"的豪情壮志了。真是不中用，可笑，可笑至极。

对待如虎的敌人，你越怕他，他就越凶猛，吃了你是迟早的事。

这么简单的道理，朝廷怎么会不明白呢？不过是贪生怕死，自私至极。

李清照不带一个脏字，就把苟且之人骂得狗血淋头，读之，酣畅淋漓。

02 老去无成

临江仙·并序

欧阳公作《蝶恋花》，有"深深深几许"之句，予酷爱之。用其语作"庭院深深"数阕，其声即旧《临江仙》也。

庭院深深深几许？云窗雾阁常扃。柳梢梅萼渐分明。春归秣陵①树，人老建康②城。

---

① 秣陵：金陵，指今南京。秦代时叫秣陵。后来多次改名。与"建康"都是古地名的沿用。

② 建康：指今南京。这两句词人化用南北朝范云诗："风断阴山树，雾失交河城。"

感月吟风多少事？如今老去无成。谁怜憔悴更凋零。
试灯无意思，踏雪没心情。

苦闷之际，托物抒怀，借词来表达对空度芳华的悔恨，对自身命运的悲叹。

从序言中可知，李清照读到欧阳修的词，对其中"深深深几许"特别有感慨，尤其喜欢，便用他的这个句子写了一阕《临江仙》。

古人的这个好习惯，让很多原本可能遗失的词作流传下来了。

庭院幽深，能有多幽静、深远呢？阁楼的门常常关着，雨雾缭绕，如梦似幻。柳树上新长出了嫩芽，梅花的花萼渐渐变得分明。春天的风又吹到了江宁，可客居在此的人却一天天老去。

年年春相似，朝朝人不同。

感叹风月多少事啊？如今年岁老去，对风花雪月再也没有闲情雅致了。有谁会怜惜我这个容颜老去、四处飘零的人呢？

元宵佳节又至，赏灯失去了昔日的情致，外出踏雪吧，也无甚心情。

这倦怠的情绪，堪比庭院之深远啊。

欧阳修写："雨横风狂三月暮，门掩黄昏，无计留春住。泪眼问花花不语，乱红飞过秋千去。"

欧阳修尚有留住春的心境，而今，李清照觉得"试灯无意思，踏雪没心情"，只要一想到南宋小朝廷偏安一隅，不顾百姓死活，不管国家安危，便什么心情都没有了。

"试灯"指元宵佳节在节前预赏花灯。民间对赏花灯非常重视，从九月到下年元夕，会将自家制作的灯拿去观赏、挑选，挑选其中好的花灯留到元夕用。

李清照没有心情做花灯，曾经与赵明诚沉醉在诗意的生活中，幸福又甜蜜，如今回想，似乎是很遥远的事了。

"如今老去无成"，并非指事业上的一事无成，而是与之前"感月吟风"作对比，从前，家国安稳，自然有闲心感月吟风、花前月下，而今所写之词，和风月无关。

黄墨谷评价道："此词作于建炎三年（1129年）初春，是宋室南渡的第三个年头。……清照《临江仙》词中的'人老建康城'，不单是她个人的悲叹，而且道出了成千上万渴望恢复中原的人之心情。"

"词旨凄黯，流露出很深的身世之恸。"周笃文评道。

03　暖风迟日

一阕《临江仙》作罢，李清照意犹未尽，又作一阕：

> 庭院深深深几许？云窗雾阁春迟。为谁憔悴损芳姿，夜来清梦好，应是发南枝。
> 玉瘦檀轻无限恨，南楼羌管休吹。浓香吹尽有谁知，暖风迟日也，别到杏花肥。

幽静深远的庭院里，层层叠叠，云雾弥漫在楼阁窗中，春日迟迟不来，为谁憔悴，容颜失去了往昔的神采，夜里做了好梦，应是南边的梅花发芽了。

梅花无限愁怨，玉体逐渐消瘦，羌笛一吹，梅花纷纷散落，还是不要吹的好。若是羌笛不断，梅花便也凋零，再无香气。

春日的暖风便弃梅而去，去吹那盛开的杏花了。

"杏花肥"，拟杏花为人，"肥"点出怒放的晚春时节。

李清照喜爱的梅花，迟迟等不到春日的暖风，清瘦凄婉，倒是杏花正肥，偏偏就得了暖风的熏陶，春光在前，谁又会去在意凋零的梅花呢？

词人在问梅花：这番芳姿憔损到底是为了谁呢？

梅自知，词人知晓，读者了然啊。

04　痛失爱物

李清照后期在《金石录》后序中写道：

"至靖康丙午岁，侯守淄川，闻金寇犯京师，四顾茫然，盈箱溢箧，且恋恋，且怅怅，知其必不为己物矣。"

金军攻陷京城，听到这个消息，李清照四顾周遭，茫茫然，望着满箱的书籍古董，一边恋恋不舍，一边怅惘不已，恐怕这些宝贝将不再为自己所有了。

1126年3月，婆婆郭氏死在建康，也就是南京，明诚去那儿奔丧，多余的物品无法全部运载带走，不得已把书籍中笨重又大的印本割舍掉，重复的藏画放弃掉，古器中没有款识的去掉，没办法，能带的东西实在有限，后来又把书籍中的国子监刻本、画卷中的平平之作等舍弃了。

几经削减，择之又择，最后还是装了满满十五车的书籍古物。

"至东海，连舻渡淮，又渡江，至建康。青州故第，尚锁书册什物，用屋十余间，冀望来春再备船载之。"

后来又雇了好几艘船渡过淮河，渡过长江，最后抵达南京。

此时此刻的青州，还收藏着书册什物，占用了十多间房屋，想着第二年春天战事稍有缓和时再把它们装走。万万想不到的是，到了1127年12月，金兵的铁骑踏破青州，曾经桃花源般的家园被毁，这十多间的东西就这么悄无声息地化为灰烬了。

收藏它们时是多么艰辛，毁坏它们却又是转瞬即逝、轻而易举的事。

大半生的收藏就这样毁于金兵之手，这也是李清照敏锐的心对于风月、赏花等事失去了原先的雅性的原因。

第三章
夹衫乍著心情好

01 细心叮嘱

公元1128年9月秋,赵明诚在南京任职,不足一年的时间就被罢官了。1129年春,全家人搭船去芜湖,后打算在赣江一带找个住处。

5月,李清照一家人到池阳时,皇帝赵构又任命赵明诚为湖州知府,需要上殿朝见,赵明诚打算独自前往,其他的家人暂时安置在池阳。

"六月十三日,始负担,舍舟坐岸上,葛衣岸巾,精神如虎,目光烂烂射人,望舟中告别。"

6月13日,赵明诚一身布衣,坐在岸边,精神如虎,目光像阳光一样灿烂,和船上的李清照等家人告别。

"葛衣岸巾",穿的什么衣服,戴的什么帽子,事隔多年后,李清照仍旧清晰地记得。

那时,李清照好像就预感到了什么,心中甚是不安,她情绪很不好,冲着赵明诚大喊:"如传闻城中缓急,奈何?"

假如听到城里的局势不好,要怎么办啊?

赵明诚远远地回答:"从众。必不得已,先弃辎重,次衣被,次书册卷轴,次古器;独所谓宗器者,可自负抱,与身俱存亡,勿忘之!"

赵明诚果然懂李清照,知道她担心的是什么,便告诉她:跟随众人即可。万不得已时,就先丢掉包裹,再丢掉衣服被褥,继而是书册卷轴,最后才是古董。至于那些宗庙祭器和礼乐之器则必须随身携带着。切记：人在，物就在；人亡，物失。别忘了。

这番叮嘱和李清照心中所想大抵一致。她知道，在这战乱之时，朝廷危难之际，想要保护好大半生的收藏是何其困难，但无论如何，她都将全力以赴。

赵明诚这才骑马而去。

又留下了忧心忡忡的李清照一人独守家门。

02　故乡何处

李清照在池阳暂时安家，明诚独自前往杭州面见圣上，不知赵明诚的前途如何，之前被罢官，而今又起用，时年46岁的李清照知晓其中变故，惴惴不安。

国家的安危何曾不牵动着丈夫的前途乃至性命呢？

池阳的一切，李清照不熟悉，青州已毁，东京城更是回不去了，哪里又是她的家呢？

"夜来沉醉卸妆迟，梅萼插残枝。酒醒熏破春睡，梦远不成归。人悄悄，月依依，翠帘垂。更挼残蕊，更捻余香，更得些时。"这阙《诉衷情》是南渡前，李清照写给出远门的丈夫的，其中饱含绵绵的情思、思乡难回的孤苦之情。

在池阳的日子，李清照心里记挂着赵明诚，又多了担忧和愁丝。夜深人静之时，无法入睡，愁结难解，怎能不怀乡忧国啊。

下面这首《菩萨蛮》可见其深沉的故国之思、怀乡之情：

菩萨蛮

风柔日薄春犹早，夹衫乍著[①]心情好。睡起觉微寒，梅花鬓上残。

故乡何处是？忘了除非醉。沉水卧时烧，香消酒未消。

---

①　乍著：刚刚穿上。宋朝方千里《蕙兰芳》："乍著单衣，才拈团扇，气候喧燠。"

"故乡何处是？忘了除非醉。"哪里才是词人的故乡呢？人离开了故土，就像浮萍一般，随处漂泊。

上片措辞清淡、语意平和：日暮下，风柔柔的，刚刚穿上夹衫，心情挺不错，睡一觉起来才觉得早春还有一丝微寒，先前的梅花妆有一点点破损。

下片却说故乡愁怎么都丢不下，除非喝醉了。大好的春光，无心领略，想到山河破碎、家毁难归，这美好的春色反倒成了惹人生愁的物什了。

上片写喜，下片写悲，悲喜相对，更突出对故国、故乡的忧思。

最深沉的痛，不是来自一瞬间巨大的袭击，而是在渗透到日常生活的点滴之中，比如欢乐、开心之际，一阵暖风就能让人想起昔日的美好，对比今日的飘零，在美与悲的对比之下，悲伤的情绪更能蔓延开来，令人无法避开。

清朝况周颐评："易安自是专家，忠简不以词重云尔。"

03　缒城宵遁

池阳，位于今安徽省池州市。

看着独自离开的丈夫，李清照总有着隐隐的不安。

不由得想起赵明诚被罢官前的那件事：赵明诚在江宁做知府，他的心思在金石上，对做官很是敷衍。

这一点，赵明诚比不上李格非，李格非是一个潜心著述的文人，但他在位时能够谋其职，为老百姓办些实事。

赵明诚并不适合当官，就像宋徽宗不适合做皇帝一样，偏偏都被放在了不适合他们的位置上。赵明诚聪慧、好学，在太学读书，一毕业就仗着父亲的权利谋得官位，没有经过科考，得来全不费功夫，再加上他一心向学，"尽天下古文奇字之志"，没有经历过官场的磨砺，也无心于官场之事。

想来其中还包括他眼见父亲坐上了宰相之位，位高权重，却活得胆战心惊，没有得一个好结果，便对做官起了厌烦之心。

大抵他是为了活着，有一份薪资，用来供养家庭和自己的爱好吧。

1129年2月，王亦想要造反，他是负责江宁的武官，对南宋小朝廷没什么信心，想要卖城投靠金人。在两国交战之际，投敌可是大忌。有人将王亦的野心告诉赵明诚，希望赵明诚早作打算，作好应急准备。

可赵明诚听了之后，没有放在心上，也没有采取任何行动，好像此事和他没什么关系似的。

赵明诚的手下只好自己布阵，提前准备，以防不测。

果不其然，一天夜里，王亦起兵造反。好在手下有所准备，与王亦展开激烈的斗争，最终王亦造反失败了。

天亮时，手下去找赵明诚汇报战况，却发现赵明诚和几个主官早已不知所踪，一问才知道他们早趁夜里王亦造反时就已经逃跑了，正是利用绳子从城墙上离开的。这就是赵明诚"缒城宵遁①"、临阵脱逃的故事，被后人称为"明诚失节"。

这件事传到赵构那里，赵明诚就这样被朝廷罢官了。

李清照得知此事，对赵明诚的行为深感羞愧，她没有横加指责，在《金石录后序》中只一句"己酉春三月罢"带过。

有人认为她从此疏远了赵明诚，也有人认为她与赵明诚荣辱与共难以严苛，不管是怎样的心情，面对这既定的事实，李清照无可辩驳。毕竟，已成的事实，身为人妻的她说什么都不妥当。

04　皇帝逃命

文天祥有首诗《脱京口·绐北难》："百计经营夜负舟，仓皇谁趣渡瓜洲。若非绐虏成宵遁，哭死界河天地愁。"

这位南宋末年的大臣，亦是文学家。他所生活的年代，也是新旧交替之时。他曾被派往元军军营中谈判被扣留，脱险后他坚持抗元，最终从容就义。

---

① 宵遁：乘夜逃跑。

诗中写他自己在夜晚匆忙逃离京城的情景，表达的却是对国家命运和战乱的痛心。

建炎三年春二月初，在扬州的赵构被传来的消息吓得惊魂：金人的铁骑前锋已在近前。

此时的赵构正在享乐，听到消息，他连滚带爬、手忙脚乱起来，带了亲信抢船出江。

皇帝一逃，扬州城里的人慌乱起来，谣言满天飞，上至权贵巨贾，下至升斗小民，大家争相出逃，城里顿时乱作一团，衣物财货慌乱丢弃，人喊马嘶，遍地狼藉，凄惨叫声不绝于耳，金兵没有入城，城内却死伤无数。《建炎以来系年要录》载："军民争门而出，死者不可胜数。"

赵构一路逃命，逃到瓜州才敢停留，可金兵一个人影都没有，其中一个侍卫忍不住发了牢骚，就被赵构拔剑杀了，其懦弱行径甚是荒唐可笑，后人送给他"逃跑皇帝"的称呼，他"当之无愧"。

皇帝逃跑引发连锁反应，在江宁的武官王亦发起兵变，赵明诚学着赵构弃城而逃。赵构因赵明诚临阵脱逃而罢免其官职时，就不曾有过自我反省吗？

第四章
秋已尽，日犹长

01　局势紧张

关于赵明诚缒城宵遁的故事，史上并无确切记载。也有人分析，赵明诚虽为一州之长，却并无领兵实权，临阵出逃，实属无奈。

因眼下正是用人之际，赵构只是罢免了赵明诚的官位，并没有任何惩罚，包括赵明诚的手下，也只是官降一级而已。这一点，赵构倒还知事理。

在当时的北宋末年，南宋初期，金兵攻打过来时，有不少官员望风而逃，没有敞开大门投敌就已经算是有气节的官员了。

南宋人如此害怕金人，又是如此仇视金人。

大敌当前，宋人自己还在内斗，江宁兵变后，又发生苗刘兵变：军官苗傅、刘正彦呵斥赵构信任宦官、惩罚不公、误国殃民，提出要诛杀一些大宦官以谢三军，并把皇位传给皇太子。

内忧外患之际，宦官奸臣还在大肆搜刮民间的书画珍玩，源源不断地向赵构献媚邀宠。而苗、刘所要立的皇太子只有三岁。

这场兵祸从3月开始，一直到7月才结束。最终赵构保住了皇位，南宋朝廷才得以正常运转。

局势如此紧张，被罢官的赵明诚与李清照一起乘船去芜湖，沿江而上经过和县乌江。

当年，楚霸王项羽在垓下吃了败仗后，一路逃跑，直到乌江。站在乌江岸边，项羽犹豫不决，乌江的亭长见此，想要协助项羽渡过乌江，亭长劝说项羽过了乌江，总会有东山再起之日，然，项羽却说:"天之亡我,我何渡为?……纵彼不言,籍独不愧于心乎?"

项羽深感愧疚,当初八千江东子弟跟随他一起打天下,如今,无一人生还,只有他一个人苟活,纵然江东父老可怜他、愿意接纳他,但他已无面目去见他们了。

说完,项羽就拔剑自刎于江边。

面对浩浩江水,李清照想起项羽,情不自禁地吟诵起来:

"生当作人杰,死亦为鬼雄。至今思项羽,不肯过江东。"

02 生当人杰

在李清照身畔的赵明诚听到此诗后,他会作何感想呢?

就在不久前,面对叛军,赵明诚临阵出逃了,与大英雄项羽对比之下,赵明诚的行径显得多么懦弱无能啊!

吟完此诗,李清照什么话也没有说,望着滔滔的乌江水,夫妻二人陷入了沉默。

在皇帝都带头逃跑的风气下,南宋小朝廷乌烟瘴气。项羽虽为末路英雄,却是李清照所钦佩的。

"暖风熏得游人醉,直把杭州作汴州。"

与其偏安一隅,苟且偷生,不如不惧生死,放手一搏,焉愁前路没有光明!

诸葛忆兵评此诗:"中国传统文化中,向来以成败论英雄,所谓'成则为王败则寇',很少推崇'失败的英雄'。从这样的角度出发,李清照的见识又远远超出众人。"

"从而向人们展示了这样一种人生哲学——活,要活得昂扬、出类拔萃、有声有色;死,要死得壮烈,英武慷慨、可歌可泣。总而言之,人要有气节。"徐北文是懂李清照的,这样的诗对于后人如何活着,也有很大的启发,仍旧是受用的人生哲学。

李清照在穿越一千多年后的光阴里,依然有她的知己,依然有像她这样有气节的人活着。陈祖美是这样理解的:"我们既崇尚那种叱咤风云、光彩奕奕的英雄,也看重在日常生活中,默默地燃烧自己照亮他人具有烛光精神,和那种消耗自己滋补他人具有'维他命'素质的无名英雄。"

时代的车轮滚滚向前，不管是大英雄，还是无名英雄，都是李清照所钦佩、敬仰的，也是我们所钦佩、敬仰的人物。

03　英雄气概

李清照不能像项羽那样上战场杀敌，却时刻关注着朝野动荡、国家大事，必要时提出自己独特的见解。

她早就跳出了古代妇女狭窄的天地，没有一味地活在情情爱爱的天地里，及时表达对社会和政治的见解。

理学家朱熹赞她曰："如此等语，岂女子所能？"

李清照还有一首诗，虽不及《夏日绝句》家喻户晓，却也是一首不错的咏史诗，通过回顾历史，借古讽今，对在国家危难时保持民族气节的人给予肯定和赞扬：

"两汉本继绍，新室如赘疣①。所以嵇中散，至死薄殷周。"

西汉与东汉本来就是承接关系，中间莫名多出一个新朝代，就像人的身上无端长了个没有用的肉瘤一样，本应除掉它们。

"赘疣"指王莽篡权称帝，改国号为新，被称为"新室"。诗人言外之意，新朝在历史长河中犹如多长出的肉结，应该被除掉，没什么用。

"嵇中散"指三国时魏人嵇康，他是"竹林七贤"之一，放达不羁，他在司马家族掌权时，隐居不仕。司马昭一怒之下下令处死嵇康，嵇康不为所动，弹着《广陵散》慷慨赴死。死前，嵇康写过文章批评不遵守法纪纲常的人。

正值北宋、南宋交替之际，出现不少由金人扶持下的伪政权——金人曾立张邦昌为"楚帝"，后来济南知府刘豫被金人封为"齐帝"。这些金人的傀儡政权堪比王莽的新室，都应该被除去，南宋才是国之正统。朝廷官员应该像嵇康反对司马家族篡夺魏国的江山那样，一致、全力地支持南宋，共同抗金。

---

①　赘疣：皮肤上生出的多余的肉结，形容累赘之物。

李清照对时下政局看得清晰且入木三分，诗中浓浓的爱国情让人感动。

朱熹说过李清照的诗句哪里像一个女子能写出来的。宋长白则说李清照的这首诗堪比魏夫人的《虞美人草行》，"方见英雄气概"。

李清照未曾上过战场，却能被称其有"英雄气概"，这些对李清照大加赞赏的人绝对不仅仅是因为她的诗词写得好，更是对李清照人格的肯定和欣赏。

有人评价该诗中对南宋朝廷的支持是李清照的局限性，有一定的道理。不妨深入细想，若真鼓动人们起来推翻伪政权，只怕"战火连三月，家书抵万金"了。即使从之后的结局来看，李清照的认知也是恰当的、合理的。

南宋的才女朱淑真也写过一首关于项羽的诗：

项羽二首

自古兴亡本自天，岂容人力预其间。
非凭天与凭骓逝，骓不前兮战已闲。

盖世英雄力拔山，岂知天意在西关。
范增可用非能用，徒叹身亡顷刻间。

朱淑真认为，自古以来，天下兴亡的大事，不是人力所能改变的，而是由天道注定的。项羽的乌骓马最后也跟随主人沉入乌江之中，项羽是何等的盖世英雄啊，老天却偏偏安排刘邦来打败项羽。

项羽有一个大谋士叫范增，曾经给项羽提建议，务必要先把刘邦灭了，但项羽不以为然，没有采用，最终只能哀叹自己时运不济。

朱淑真生活的年代，南宋朝廷已经逐渐稳定下来，她能以史为镜，关注朝廷动向，这显出她的胸襟和志向来。

李清照备受亡国飘零之苦，而朱淑真的苦来源于当时南宋理学的盛行，"存天理灭人欲"。生活中诸多不自由，再加上无缘遇良人，不幸的婚姻生活使她郁郁不得志。

"宁可抱香枝上老，不随黄叶舞秋风。"朱淑真的志向明确，李清照又何尝不是。两位都是闺中女子，才华横溢，有女中丈夫的气魄。

04　寒日萧萧

鹧鸪天

寒日萧萧上琐窗，梧桐应恨夜来霜。酒阑更喜团茶苦，梦断偏宜瑞脑香。

秋已尽，日犹长，仲宣怀远更凄凉。不如随分尊前醉，莫负东篱菊蕊黄。

已是晚秋时分，清晨的庭院，如一幅凄寒肃杀的画作。"琐窗"是窗棂是连锁形图案的窗子。

词人运用拟人手法写梧桐树，寒日萧萧之下，梧桐树自然应该怨恨夜里的那一场霜降，落叶又飘零。比起凭栏饮酒，清照更喜欢品尝团茶，为什么呢？因为团茶苦。

词人的心境亦是苦涩的。

就连梦醒后闻到的都是瑞脑的气味。

秋天将要过去了，白昼依然漫长。"仲宣"指王粲，建安七子之一，曾写过《登楼赋》，以此来抒发怀念故乡的情感："情眷眷而怀归兮，孰忧思之可任？"

这番凄凉之日，词人写怀念故乡的词，文采可能比不上王粲的《登楼赋》，只是凄凉的心境，词人却更胜一筹。还不如照例去饮酒，去赏东篱的菊花，喝醉了，醉眼看花花更美。

林家英评语："这首词音律流美圆润，如珠落玉盘。初读时，首先给人一气呵成的感受，可是，细加玩味，便能欣赏到它跌宕的情致。……唯有女词人的豁达明智，在这晚风萧萧入琐窗的漫长秋夜，她的身心该会更安宁一些吧！这首词的结尾，堪称余韵留春。"

"须知强解愁容，愁容难解，人儿孤独凄苦之情更浓。但妙在含蓄，词人不写尽而让读者意会无穷。醉酒东篱的黄昏又与'寒日萧萧'的清晨相呼应，构成一个完整的抒情画面。"平慧善在《李清照诗文词选译》中有如此评价。

深秋时节，正是东篱菊花盛开之时，李清照爱菊，"微风起，清芳酝藉，不减酴醿。"她为白菊写过词，那时，她在故乡独自赏菊，如今，故乡难归，家国破碎，她所有的忧愁都无处可以消解，日子漫长啊。

最后却笔锋一转，饮酒、赏花给了她一丝丝的慰藉。

胡绳说："当金兵南下时，一路经过险关要津，全无宋兵抵御，使金人都叹息说：'宋朝太无人了。'足见当时宋朝军队的无能了。"对于宋朝朝廷的偷安和军队的无能，词人能做的微乎其微，萧萧的日子依旧徐徐向前，李清照需要收拾心情，在飘零的生活中寻找一丝慰藉。

卷六　国破家亡：故乡何处是？忘了除非醉

卷七 生离死别:这次第,怎一个愁字了得

第一章
只有情怀，不似旧家时

01　明诚病危

公元1129年夏，安徽池阳。

李清照等候明诚的消息，谁知却传来明诚患上疟疾的消息。

"途中奔驰，冒大暑，感疾。至行在，病疟。"李清照在《金石录后序》中详细记载了明诚病危时的情景。

原来赵明诚在独自赶赴应诏的途中，天气炎热，他一直马不停蹄地赶路，感染上了疟疾。

李清照闻言，心慌意乱，她深知疟疾的凶险，很怕赵明诚的性子急，服用大量驱暑的寒性药物，这恐怕会加剧病情啊。

"七月末，书报卧病。余惊怛，念侯性素急，奈何？病疟或热，必服寒药，疾可忧。"

到了七月底，赵明诚的手下来消息，说他已经卧床不起了。李清照异常担忧，不由得责怪丈夫赶路太急，疏于照顾自己，既然是病了，何必着急，理应合理服药，放慢行程，以身体健康为重，怎么能把自己折磨到抱病卧床的地步呢？

李清照再也等不了了，"遂解舟下，一日夜行三百里。"一天一夜就行舟三百里，日夜兼程，顾不上夜间行船的危险，恨不得立即飞到丈夫身边，其心之忧，无以言表。

等李清照见到躺在床上的赵明诚，几乎不敢相认。她怎么也想不到短短数月，之前相见还是"精神如虎，目光烂烂射人"，怎么现在目光暗淡无神，精神状态一日不如一日了？

问了照顾赵明诚的手下，果然和李清照料想得一致："果大服柴胡、黄芩药。"赵明诚想快点好起来，果然服了大量的柴胡、黄芩等凉药，疟疾加上痢疾，如今已是病入膏肓、危在旦夕了。

"疟且痢，病危在膏肓。"谁能想到已经到了膏肓了呢？

李清照恨自己没有早一点来到丈夫身边，望着赵明诚日渐消瘦的身躯，她万分悲伤，请来的郎中虽有不忍，但还是好心劝告：要早作准备。

"余悲泣，仓皇不忍问后事。"

李清照不敢相信——绝无可能。她相信丈夫一定会好起来，不停地在明诚耳畔劝慰、鼓励，告诉他：她要他好起来。

02 生离死别

赵明诚病危期间，张飞卿来探望过，顺便将随身携带的一把玉壶拿给赵明诚鉴赏。

这在平时是常有的事，赵明诚经常与不少学士保持联络，他们常常鉴赏玉石，共谈金石之乐。

张飞卿与赵明诚交谈后，就带着玉壶离开了。

李清照说，这把玉壶其实是美石雕刻而成的，看起来像玉而已。

"先侯疾亟时，有张飞卿学士，携玉壶过，视侯，便携去，其实珉也。"

谁也不承想这事竟为后来埋下祸端。

"八月十八日，遂不起。取笔作诗，绝笔而终，殊无分香卖履之意。"

到了八月十八日，明诚已经起不来了，他似乎知道自己大限将至，取出笔来作诗，写完后就绝笔而亡。

在明诚的绝笔诗中，并未提及"分香卖履"之事。

曹操临死前吩咐："吾死之后……余香可分与诸夫人，不命祭。诸舍中无所为，可学作组履卖也。"曹操死后，家中的诸位妻妾可以分到域外馈赠的名贵香料，依靠它们生活，而其他的婢女可以叫她们去学做鞋子挣钱养活自己。这个典故后来指人在临终时对其妻妾的爱恋之情。

人终有一死,"生当作人杰,死亦为鬼雄"。赵明诚的死,猝不及防,他策马疾驰在大好的前途中,赵构再度起用他,他本可再有一番作为,也许他有机会从失节的耻辱柱上下来,也许他可以更加完善《金石录》,也许他收藏的古董字画会越加丰富,也许待到暮年之际,他可以和夫人重回青州过岁月静好的日子……

然而,他的人生永远停留在了49岁这一年。

李清照为祭奠亡夫赵明诚写了祭文,其中有一组骈文对句流传下来:"白日正中,叹庞翁之机捷。坚城自堕,怜杞妇之悲深!"

庞翁指庞蕴居士,唐代有名的禅门居士。他临入寂时,让他的女儿灵照观察太阳的位置,到了中午来告诉他。

灵照出去,过了一会儿,回来报告父亲:"日已中矣,而有蚀也。"

庞居士外出一看,并非到中午,于是回屋,这才发现女儿"即登父坐,合掌而亡"。灵照坐到父亲的位置上,合掌已经亡故了。

庞居士擅长悟境,没想到灵照比他更甚,于是笑着夸赞:"吾女锋捷矣。"

于是庞居士延长入寂,留出7天时间安排女儿后事,才亡故。

李清照借用庞居士的典故来说明赵明诚先己而亡,是死得其所,总比自己孤苦无依、漂泊余生要好,以此聊以自慰,深感悲痛之深。

后一句典出杞梁妻哭夫的故事。刘向的《说苑·善说篇》记载:"昔华舟、杞梁战而死,其妻悲之,向城而哭,隅为之崩,城为之阤。"

杞梁战死,他的妻子悲伤至极,把坚固的城墙都哭倒了,是"孟姜女哭长城"的故事原型。

李清照失去赵明诚的悲伤,何尝不是如此,她的悲伤在宋词中哀鸣,持续不绝,让多少伤心人闻之,泪水涟涟啊。

03　物是人非

赵明诚的绝笔诗中未提及"分香卖履"之事，有人认为赵明诚未对妻子的后半生有所安排，甚是无情冷漠。依照他的性子，交代过对《金石录》的记挂、对收藏的古董珍宝的忧虑，却唯独没有记挂妻子未来的生活。

"葬毕，余无所之。"

李清照茫茫然，环顾四周，一无所有，世界似乎一下空荡了许多。

安葬丈夫后，李清照大病了一场。

这场大病让李清照几乎只剩下一口气，她真想和明诚一同去了，奈何夫君的意愿，她要替他守着；明诚未完成的心愿，她要替他完成。他留给她心爱的金石遗愿，留给她赌书泼茶的美好时光，可以让清照的余生闪现出点点星光。

天上星河转瞬，人间已是物是人非，多少旧泪与新泪，唯有词如故：

南歌子

　　天上星河转，人间帘幕垂。凉生枕簟泪痕滋。起解罗衣，聊问夜何其？

　　翠贴莲蓬小，金销藕叶稀。旧时天气旧时衣。只有情怀，不似旧家时！

旧时天气，旧时衣，旧家时，人间世事无常。

旧时，"云鬓斜簪，徒要教郎比并看。"

旧时，"笑语檀郎：今夜纱厨枕簟凉。"

旧时，赌书泼茶，"中即举杯大笑，至茶倾覆怀中，反不得饮而起，甘心老是乡矣。"

旧时，与明诚"目往神授，乐在声色狗马之上"。

......

今非昔比，词人流转如珠的语言中，悲今悼昔的情感跃然纸上。徐北文评价："作者不直说今日情怀之恶——'情怀不似旧家时'，先用种种事物的不变——'旧时天气旧时衣'一句来衬托'只有情怀'的异变，令人不胜哀怜、悲悯、叹惋。这种艺术效果，就是衬跌手法的功力。"

比如"世态便如翻覆雨，妾身元是分明月""镜里朱颜都变尽，只有丹心难灭"等。

除了写词，李清照还写诗悼念赵明诚：

"十五年前花月底，相从曾赋赏花诗。今看花月浑相似，安得情怀似往时。"

一首《偶成》，看似偶然而成，实则是睹物伤情、追忆往事、感怀不已。十五年前，正是李清照与赵明诚在青州屏居的日子，琴瑟和谐，赋赏花诗，多么优雅浪漫啊！而如今，"花月相似"，李清照却失去了精神上的寄托，与明诚一起的美好生活一去不复返了，心底生出无限感慨。

04 散为云烟

明诚病危之际，金兵铁骑逼近，皇帝赵构把后宫的嫔妃全部遣散，有传闻长江也要禁渡。

此时，李清照与赵明诚的收藏包括"书二万卷、金石刻二千卷"，再加上器皿、被褥等生活用品，这些东西大约可接待上百位宾客，至于其他杂七杂八的物品，数量也差不多。这么多的东西，再加上李清照正大病着，"仅存喘息"，面对"事势日迫"，李清照想起"侯有妹婿任兵部侍郎，从卫在洪州"，于是就"遣二故吏先部送行李往投之"。

时局危难之际，李清照最挂念的还是赵明诚遗留的珍藏的宝物，派人把它们寄放到明诚的大妹夫李擢处。李擢在洪州任兵部侍郎。

不承想清照在洪州还没安定下来，12月金人就攻陷洪州，没办法，大部分的文物书籍只能放弃，只能携带少数轻便的上路。

"所谓连舻渡江之书，又散为云烟矣。独余少轻小卷轴、书帖，写本李、杜、韩、柳集，《世说》《盐铁论》，汉、唐石刻副本数十轴，三代鼎鼐十数事，南唐写本书数箧，偶病中把玩，搬在卧内者，岿然独存。"

这些国家级别的文物大多数散为云烟，李清照该是多么痛心啊。

剩余文物虽不多，却是李清照睹物思人最好的物什，尤其在她生病时，这些东西更能勾起她的思念，静静地看着，把玩着，总能得到一丝慰藉。

第二章
正伤心，却是旧时相识

01　绝世奇文

国破家亡、生离死别、物散人逃，目睹金兵之凶残、民生之凄惨，短短几年时间，经历太多事情，李清照的心变得沉重。

期间，她作《声声慢》，无聊凄婉之作，成为千古绝调：

寻寻觅觅，冷冷清清，凄凄惨惨戚戚。乍暖还寒时候，最难将息。三杯两盏淡酒，怎敌他、晚来风急？雁过也，正伤心，却是旧时相识。

满地黄花堆积。憔悴损，如今有谁堪摘？守着窗儿，独自怎生得黑？梧桐更兼细雨，到黄昏、点点滴滴。这次第，怎一个愁字了得！

词首十四字叠用，"超然笔墨蹊径之外"，这样的用法极少，李清照善于创新。都说"炼句精巧则易，平淡入调者难"，易安居士所用词语平白，近乎口语，所讲述的景物皆为寻常之色，无一典故，无一华丽之词装饰点缀，品味其笔力，"词家少有"。

叠用，自古有之："槭槭凄凄叶叶同""树树树梢啼晓莺""夜夜夜深闻子规""行行重行行""唧唧复唧唧""年年岁岁花相似，岁岁年年人不同"……然像李易安这样十四字叠用的却极少，出奇制胜。清朝的陆以湉称之为"此千古创格，亦绝世奇文也"。

后人乔梦符效仿写《天净沙》云："莺莺燕燕春春，花花柳柳真真。事事风风韵韵。娇娇嫩嫩，停停当当人人。"叠用过了头，缺失了自然的韵味，少了情感的纯粹流露。后世学李清照，却鲜有能够超越者。

赵明诚不在了，家里变得空空荡荡的，院子里冷冷清清的，想要寻找一丝慰藉，心里却更加凄苦。偏偏乍暖还寒时候，难以入眠。

喝了三两杯酒，怎么能抵御傍晚突然来的冷风呢？

大雁向南飞去，尚且有归处，可是词人呢？想起曾经鸿雁传书，云中有良人寄来锦书，而今，却是生死相隔，永远再无书信往来了。

窗外的黄花堆了一地，再也没有同去赏花、摘花、插花的人了，憔悴的容颜，一个人度过漫漫的白天，时间仿若静止了。梧桐落叶又飘零，又下起了细雨，一点一滴的，直到黄昏，这些都在其次，又焉能敌得过词人心中的忧愁呢？

从早到晚，独自一人，一字一泪，都是易安咬着牙根写下的。心中无限的抑郁苦楚，喷薄而出，如溪水自然流淌，其中佳句甚多，奇思绝世，倒不是她刻意为之，自然又深切动人。不容人有一丝一毫的质疑，所谓"自然妥帖""鬼斧神工"。

李清照已将国破家亡、阴阳相隔、痛失珍藏的愁苦悲凄揉碎在心里，酿成一杯苦酒，独自饮下。

清代的万树发出如此感慨："从来此体，皆收易安所作，盖其遒逸之气，如生龙活虎，非描塑可拟。其用字奇横而不妨音律，故卓绝千古，人若不及其才而故学其笔，则未免类狗矣。"

"易安此词，颇带伧气，而昔人极口称之，殆不可解。"清代徐昂霄评。

02　又还寂寞

时节流转，物候翻转，又是一年深秋。

古代文人墨客喜欢登高望远，寄托志向和情怀。李清照的这一次凭栏远眺，只见山峦纵横，空旷原野笼罩在薄薄的烟雾之中，最后一缕落日余晖在烟雾中慢慢渗透，乌鸦归巢，一点儿声音没有，远处隐隐约约传来军营中的号角声。

人在近前，心却记挂着远方。

熏香尽，饮完最后一滴美酒，这光景，怎么能不让人心情悲凄。当秋风吹起梧桐落叶，一片片的梧桐叶飘落下来，又是一幕萧瑟秋景，又是满腹的寂寞、孤冷。

一阕《忆秦娥》：

> 临高阁，乱山平野烟光薄。烟光薄，栖鸦归后，暮天闻角。
> 断香残酒情怀恶，西风催衬梧桐落。梧桐落，又还秋色，又还寂寞。

心怀凄凉之悲，入目之秋色，便是西风萧瑟，梧桐飘零，借酒难以消愁，喜欢的熏香也了然无香。

"全词皆景语、淡语、情语，写景寄情，景中含情，点染烘托，虚实相生，呈现了一幅冷清荒凉的暮天秋色图，表现了女词人触景伤怀、感时伤今和深沉的孤寂凄凉之情。"孙崇恩曾有此评语。

深秋时节，草木凋零，梧桐树偌大的手掌叶随风飘飘然，不知要去往何处？李清照看着梧桐叶，想着自己的命运，今后何去何从？

在古代，女子幼时依靠父亲而活着，嫁作人妇后，依赖丈夫而穿衣吃饭，老后又依仗儿子生活。李清照一个妇道人家，无法做生意养活自己，也不能写文赚钱，更无法谋官，余生，她注定是漂泊的。

好在李清照还有娘家人，她有个兄弟叫李远，他们小时候曾在明水小镇一起玩耍、读书，一起读《诗经》、司马相如的《子虚赋》《上林赋》、宋玉的《对楚王问》……

03 追踪高宗

"上江既不可往，又虏势叵测，有弟远任敕局删定官，遂往依之。"

长江禁渡,金兵动态难以预料,李清照正发愁之际,想起好兄弟李远。李远在朝担任敕局删定官,李清照便决定去投靠他。

"到台,台守已遁。"

又是一路颠沛流离,到了台州之后,台州太守已经逃走了。

为了追上宋高宗,李清照不得已与李远分别,临走时,她写了一首《青玉案·送别》:

> 征鞍不见邯郸路,莫便匆匆归去。秋风萧条何以度?明窗小酌,暗灯清话,最好留连处。
> 相逢各自伤迟暮,犹把新诗诵奇句。盐絮家风人所许。如今憔悴,但余双泪,一似黄梅雨。

此词虽为存疑作,却极有可能就是李清照与李远匆匆一见,又匆匆作别时所作。两人聚少离多,相逢时,两人已是迟暮之岁。"盐絮家风"指家庭中爱好文学的氛围,来自谢道韫的故事。她是东晋将军谢奕的女儿,聪明有才学。有一天下大雪,叔父谢安就问:"白雪纷纷何所似?"她哥哥答:"撒盐空中差可拟。"谢道韫道:"未若柳絮因风起。"叔父就称她为"咏絮之才"。

李清照和李远就出生在文学氛围浓厚的家庭里,相见"犹把新诗诵奇句",曾经太平盛世,一起读书写诗,聊文学理想,而今却是国破家毁,一副憔悴样,说些各自珍重的话。只怕这一别,再相见就不知是何时何地了。

这怎么不叫人落泪伤心呢?

无论如何,再依依惜别,终有一别。

"之剡,出睦,又弃衣被。走黄岩,雇舟入海,奔行朝,时驻跸章安,从御舟海道之温,又之越。庚戌十二月,放散百官,遂之衢。绍兴辛亥春三月,复赴越,壬子,又赴杭。"

清照回到剡县,出睦州,慌乱中丢掉衣服、被子,赶往黄岩,雇了一艘船入海,去追随皇帝的船。这个时候宋高宗在温州的章安县,李清照便随舟从海道去往温州,又前往越州。一路追踪高宗,却始终错过。皇帝有百官、侍卫护送，清照却只是没有权力的妇女之辈，其中的艰辛与心酸让人不得不钦佩清照的勇气和胆识。

公元1130年12月，皇上遣散百官，前往衢州，李清照跟随到衢州；第二年3月，又赶往越州；又一年，又到了杭州。

"逃跑皇帝"一路逃跑，李清照追随皇帝，不是为了逃命，而是为了赵明诚的名节。

李清照万万想不到，赵明诚亡故不久，就有一个可怕的传言流传开来：赵明诚病重期间，有个学士张飞卿，携带玉壶来与赵明诚鉴赏。后来，传出他带着玉壶去投靠金人。便有小人猜测赵明诚与金兵勾结，给他戴了一顶"叛国通敌"的帽子。

这就是"玉壶颁金"的故事。

"余大惶怖，不敢言，亦不敢遂已，尽将家中所有铜器等物，欲赴外廷投进。"听到这则传言，李清照写道。

赵明诚虽有过"失节"之举，弃城而逃，但万不会通敌，这一点以李清照对他的了解还是深以为然的。

为了证明亡夫的名节清白，李清照便携带家中所有收藏的铜器宝物一路追随宋高宗，想把它们全部上交给朝廷，以表明赵明诚的清白。

04　春残思夫

李清照携带家中收藏的铜器宝物一路追随宋高宗，想着把它们全部上交给朝廷，还赵明诚的清白。岂料她刚赶到越州，皇帝已经早一步移驾到四明。为确保万一，清照就把"写本书"寄放在剡县，临出发之际再去取回。

谁知后来去取时，清照才知道官军搜捕叛逃的士兵时，把她寄存的珍物全部拿走了，多方打听才知晓它们已归入李将军家中。

"所谓岿然独存者，无虑十去五六矣。惟有书画砚墨，可五七簏，更不忍置他所。"

这些宝贝可都是世间独一的，经过这么一番折腾，又散失了十分之五六了，只有书画砚墨还剩余五七筐，吸取经验教训，清照再也舍不得将它们寄放在别处，常常将它们藏在床榻下，亲自保管。赵明诚昔日的叮嘱犹在耳畔：人在，物在。

"常在卧榻下，手自开阖。"战乱时期，一介女流李清照独自保管、运送宝物，难度非常大，照这样下去，她真担心没有把它们送到皇帝手上就遗失殆尽了。

这一路下来，李清照流沛于越州、台州、明州、温州、福州、泉州等地，千山万水，路途迢迢，甚是艰辛。

公元1131年，李清照由衢州去往越州，借住在当地一位钟氏家里，忽然一天夜里，有贼挖掘墙壁，凿了洞进来，把五筐文物偷走了。

伤心之际，李清照向周围人宣布，愿意悬赏重金赎回文物。重赏之下，不出两天，邻居钟复皓就拿着十八轴书画来找李清照求赏。不言自明，清照这才明白盗贼就在自己身边，真是防不胜防。事已至此，保住文物要紧，清照只能妥协。同时，为了赎回其他文物，李清照千方百计地恳请钟复皓，请求他把其他的文物送回来。她愿意花重金赎回。

钟复皓却不为所动。原来，这些文物已被福建转运判官贱价买去了。

清照心痛不已："所谓岿然独存者，乃十去其七八。所有一二残零不成部帙书册，三数种平平书帙，犹复爱惜如护头目，何愚也耶。"

此时又去了十分之七八，剩下的也是残余零碎，哎，这些看起来平平庸庸的书帖，李清照不由得感叹道：自己像爱惜大脑、眼睛一样爱惜这些文物，何其愚蠢啊。

好在后来一个叫张居正的人对偷文物的贼人愤愤不平，辞退了钟姓部吏，大快人心。

"岿然独存"的文物于别人是经济价值，为了财务而觊觎，李清照誓死守护着它们，更像是在守护着她与赵明诚之间真挚纯真的情感。当爱情慢慢淡去，他们共同的爱好、志趣，让婚姻得以长长久久。

途中，李清照病了，她写了一首《春残》诗：

"春残何事苦思乡？病里梳头恨最长。梁燕语多终日在，蔷薇风细一帘香。"

"今日忽阅此书，如见故人。"后来，李清照为《金石录》写后序时写道。思念之深，令人动容。

每一次遗失文物，李清照痛心的不只是文物，更是在一次又一次地体会失去夫君的痛苦，哪一次不是难以消解的相思和忧愁啊。

"今手泽如新，而墓木已拱，悲夫！"

见《金石录》，如见故人。

第三章
九万里风鹏正举

01 鹏举万里

晨间,晓雾迷蒙,波涛汹涌。水天相接的地方,云涌云涛。银河转动,像无数船只在舞动风帆。

李清照所乘坐的船独自前行,眼前之景,让她仿若来到了天庭,听到天帝在对她说话,热情地询问她要到哪里去。

要到哪里去?这可把李清照问住了。

渔家傲

天接云涛连晓雾。星河欲转千帆舞。仿佛梦魂归帝所。闻天语,殷勤问我归何处。

我报路长嗟日暮。学诗谩有[①]惊人句。九万里风鹏正举。风休住,蓬舟吹取三山去。

"路漫漫其修远兮。"

黄昏了,仍未到达。即使词人时常有语出惊人的妙句,又有什么用呢?终究不知归向何处。

九万里的长空之上,大鹏正冲天怒飞,似乎正入云霄。那气势让李清照为之震撼。她不由得叹道:海上的大风啊,别停下来,继续扶摇直上,把我这一叶轻舟,也送往蓬莱三仙岛去吧。

---

① 谩有:空有,徒然有。

此时,李清照追随宋高宗来到福州,于茫茫大海之上,大海的开阔无垠、波涛汹涌让她感慨万千,她多希望翻涌的南宋朝廷可以如这大海一般雄伟壮阔,能够容纳百川,经过起伏后最终回归宁静。

　　"九万里风鹏正举。风休住,蓬舟吹取三山去。"

　　读来气壮山河、气势磅礴,让人心潮澎湃、境界顿开。

　　宋词这颗瑰宝中,有婉约和豪放之分,素来"婉约以易安为宗",提起李清照,大家印象最深的是婉约词宗,这一阕《渔家傲》却被评为"绝似苏辛派""混成大雅,无一毫钗粉气"。

　　大鹏为何物?庄子道:"北冥有鱼,其名为鲲。鲲之大,不知其几千里也;化而为鸟,其名为鹏。……'鹏之徙于南冥也,水击三千里,抟扶摇而上者九万里,去以六月息者也。'"

　　大鹏想要飞到南海,要借助水势,努力拍打翅膀,在激烈的撞击下,将水面激起三千里高的波涛,恰好借着海上飓风盘旋而上,一直到九万里的高空之上,乘风飞翔。

　　自由飞翔的大鹏,象征着幸福、平和的鸟飞往蓬莱三仙岛,正是李清照对自由、和平、幸福的向往和追求。可惜,在她生活的年代,这是不可能实现的,作为词人,她将心中如大海般的澎湃寄托在了词中。用词构建一个虚拟的却重要的精神世界。

　　她明白,人注定是孤独的,与天地精神相往来,她想像大鹏一样逍遥游,像大鹏一起风举九万里,这在现实世界是不可能实现的,但无情、残酷的现实从未击垮过她的内心,在她的心灵深处,依然饱含着雄心壮志,对未来充满着无限的希望。她可以有"凄凄惨惨戚戚"的婉约,也可以有"九万里风鹏正举"的豪迈。

　　周笃文赞道:"与李清照多数词作的清丽、深婉的风格不同,这首《渔家傲》是以粗犷的笔触、奇谲的想象,对一个闪光的梦境所作的完整的叙述。它不仅在《漱玉词》中独具异彩,而且求诸两宋词坛,也是罕见的珍品。"

　　"这首风格豪放的词,意境阔大、想象丰富,确实是一首浪漫主义的好作品。出之于一位婉约派作家之手,那就更其突出了。"夏承焘赞誉道。

对于好词，人们向来不吝溢美之辞。

02 再嫁风波

公元1132年，宋高宗逃到杭州时，李清照追随而至，被兄弟李远暂时安置在一个安静的小院里。

这一年，赵明诚的大哥赵存诚卒。李清照已经49岁了，身体大不如从前，再加上几年的飘零生涯，她病倒了，且病得很严重，"欲至膏肓，牛蚁不分，灰钉已具"，棺材和后事都准备好了，家里人已经不抱有什么希望了。

虽说有兄弟李远照顾她，为她煎药、喂药，有老仆人看守门户，却还是有一个人乘机而入，他叫张汝舟，时常登门对李清照嘘寒问暖，照顾有加。

人生地不熟的地方，李清照孤苦伶仃，受尽人间苦楚。张汝舟的照顾让清照心里终于得到了一丝丝的温暖。

余生归何处呢？

总不能一直依赖兄弟，望着张汝舟，李清照动容了。

张汝舟，浙江归安人。早些时候在池阳军中做小吏，还中过进士，担任过右承务郎、监诸军审计司官吏。

张汝舟与李远相熟，听李远说，张汝舟也算是朝中颇有作为的臣子，人品应该不错。

时间久了，张汝舟的甜言蜜语越说越溜，也越发殷勤体贴，当他向李清照提亲时，李清照鬼使神差地答应了。

也许为了以后不再居无定所，为了憔悴的身心慢慢有所好转，为了能够保住自己所剩不多的文物……匆忙之中，李清照答应了这门婚事。

李清照万万没想到，后世对她的这段婚姻非议极多。

宋人对李清照改嫁张汝舟的事是承认的，但明、清两代提出质疑的很多，认为铁证的《投翰林学士綦崇礼启》是他人冒李清照之名而写的。这大概和当时对女性的态度有关，缠足的盛行更是把女性束缚在狭小的世界里。李清照作为女性的典范，极负盛名，清人李调元称赞易安"词无一首不工,其炼处可夺梦窗之席,其丽处直参片玉之班,盖不徒俯视巾帼,直欲压倒须眉"。人们怀有美好的心愿和强烈的爱意抹去这一段沦为"笑柄"的再嫁风波是极有可能的。

对李清照而言,这种所谓"败坏道德和名声"的再嫁是一种偏见,每个人都有追求自己幸福的自由和权利,他人又有什么资格和权利干涉呢?

不管怎么说,李清照再嫁与否,丝毫不影响她在中国文学史上的地位。但凡以"再嫁笑柄"来攻击她的言论不过是一种无稽之谈。

03 牢狱之灾

再嫁,不该沦为笑柄,也不是败坏道德和名声的丑事。

当时,李清照顶住压力,嫁给张汝舟。谁知婚后的张汝舟性情大变,"视听才分,实难共处,忍以桑榆之晚节,配兹驵侩之下才。身既怀臭之可嫌,惟求脱去;彼素抱璧之将往,决欲杀之。"事后,李清照在《投翰林学士綦崇礼启》中写道。

她怎么也想不到清白之身会嫁给一个如此肮脏低劣的小人。张汝舟完全是惦记她珍藏的文物。婚后,张汝舟得到的李清照的文物所剩不多,大为失望,将愤怒之火撒到李清照身上。张汝舟要把文物拿去卖,李清照打死也不愿意,张汝舟更是动辄打骂,甚至起了杀人夺宝的坏心思。

面对如此欺骗、欺凌、辱骂、殴打,李清照病弱的身子怎么受得了,她下定决心,不惜一切代价都要逃离这个恶魔之地。

于是李清照做了件惊天动地的事,那就是状告张汝舟欺瞒天子。

这种家务事很难得到别人的帮助,怕最后不了了之,李清照便状告张汝舟科举考试时作弊,这可是欺骗天子的大罪。

妻子状告丈夫,这场官司引起了皇帝的关注,皇帝让廷尉审判这件事。想想看,少女时代就名动京城的大才女戴着脚镣手铐与凶恶的市井之徒张汝舟对簿公堂，在当时不亚于爆炸性的新闻。何况人们对于男女之事向来敏感，最易牵动神经，成为街头巷尾的茶余饭后的谈资。

按照当时宋朝律法，妻子状告丈夫，不管出于什么理由都要坐两年牢。李清照不惜身陷牢狱之灾，也要和张汝舟脱离夫妻关系，可见她对张汝舟的厌恶有多深。

好在状告成功，她解除了与张汝舟的婚姻关系。

得明诚的远亲相助，李清照被关在牢里九天。

"友凶横者十旬，盖非天降；居囹圄者九日，岂是人为！"

李清照称张汝舟为凶徒，与他待在一起短短一百天，却是天降横祸，而拜他所赐，体验到了非人的九日牢狱生活。

人生总有万万想不到的事，此前清清白白，经历国破家亡这些痛心疾首的事，晚年还要受到这番羞辱，去了是非之地走了一遭。

好在一切都结束了。李清照十分感谢搭救之人綦崇礼，便书《投翰林学士綦崇礼启》，以示感谢之情。

"此盖伏遇内翰承旨，搢绅望族，冠盖清流，日下无双，人间第一。奉天克复，本缘陆贽之词；淮蔡底平，实以会昌之诏。哀怜无告，虽未解骖，感戴鸿恩，如真出己。故兹白首，得免丹书。"

綦崇礼，出身世家望族，是当时清流中的佼佼者、领军人物，"日下无双，人间第一"。《宋史》中记载他："廉俭寡欲，独罩心辞章，洞晓音律，酒酣气振，长歌慷慨，议论风生，亦一时之英也。"有这样的人为李清照洗脱冤情，足见李清照的才华和人格获得了当时清流名士的认可与赞许。

脱离牢狱之灾，免去沦为囚籍，这对李清照来说是莫大的恩情。

04　文如其人

经此一事，李清照的心态发生了变化，她自我反省，深感愧疚：

"责全责智，已难逃万世之讥；败德败名，何以见中朝之士。

虽南山之竹,岂能穷多口之谈;惟智者之言,可以止无根之谤。高鹏尺鷃,本异升沉;火鼠冰蚕,难同嗜好。达人共悉,童子皆知。愿赐品题,与加湔洗。誓当布衣蔬食,温故知新。再见江山,依旧一瓶一钵;重归畎亩,更须三沐三薰。"

李清照清楚地知晓,这件事败坏了自己的道德和名声,必然也会沦为后人的笑谈,自己出身于书香世家,饱读诗书,已经没有脸去见朝中的士大夫。

大雁与鷃燕,一个在天上高飞,一个在下面滑翔,世俗之人不可能明白高洁雅士的想法,火鼠与冰蚕,很难有相同的嗜好,至于旁人如何去评说,只有靠智者来为李清照辩白了。李清照会好好记住这个教训,穿布衣,吃蔬菜,以新面貌面对大家,回归隐士生活。

信的最后,李清照再次表示了感谢之情。此封答谢信,李清照写得情真意切,一五一十地交代了自己与张汝舟的一系列的事件,诉说了身心遭受了巨大的痛苦和伤害,连用多个历史典故,表达了羞与凶恶之人为伍,希望有智者能为其仗义执言,正其清白之名。

李清照对人性的了解果然深刻,这一段再嫁风波果然非议甚多。宋朝胡仔道:"易安再适张汝舟,未几又反目,……传者无不笑之。"

"见者笑之,然其词颇多佳句。"

清代陈延焯道:"易安并无再适事。《启》乃好事者伪作无疑。"

"易安改嫁,千古厚诬。"

有人认为《投翰林学士綦崇礼启》文笔拙劣,中间夹杂着一些佳句,是篡改本。更有人认为是张汝舟写的。对于为何明清时代的人要怀疑,且花费很大力气为李清照辩护,黄盛璋给出的理由如下:"其原因不外乎两点:一是爱才,二是封建观点。……过去有的人对她的改嫁加以诟责,有的人又为她辩护,由于看问题的角度多少都不免带有偏见,今天要是抛除封建道德的观点来考察这个问题,我们认为她之改嫁并不是不能理解。"

理解一个人,就是首先要把她当作一个人去理解,而非神化她。一个真实的、有血肉的人，要比一个完美的形象更能打动人。再嫁一事，真假与否，李清照都是当之无愧的"文如其人"。

谁都有脆弱、做过后悔事的时刻，李清照知道她看错了张汝舟，若她是个虚假、懦弱的人，本可以不与恶人对簿公堂，不受那牢狱之灾，但她绝不——此事后，她自我反省，知道做错了什么，知道今后的日子该怎么过，足以抵挡流言蜚语。

第四章
终日向人多酝藉，木犀花

01 病后初愈

初闻不知曲中意，再闻已是曲中人。49岁的李清照，历经太多人生坎坷，不知何时成了曲中所唱的那个多病多愁身了。

两鬓华发生，病后的光景恰好。

经历的那些疼、那些痛，不忍追忆，却一件件、一桩桩地涌上心头，浮现在脑海中。

卧看窗外的残月慢慢爬上窗纱。那些寸寸时光一点点、一滴滴地流逝。

一切都结束了吧，至于那些流言蜚语，就让他们说去吧。自知羞愧，不过就想一粥一饭，平静度过余生。

提不起精神来，那就不用为了强打精神去喝豆蔻水，更不必饮茶了。

就这么靠着枕上，没事读读书，闲适得很。

读书读累了，看一眼窗外，不知何时下起了雨。细雨中，门前的景色别有味道，如今，始终陪伴我的，是院子里那树深沉含蓄的木犀花。

李清照的生活虽简朴，却依旧雅致：分茶是宋人加工茶水的一种方式，"分茶何似煎茶好，煎茶不似分茶巧。"杨万里曾看别人分茶，写道。

宋代可是我国茶文化的鼎盛时期。

《大观茶论》中有句云："天下之士，励志清白，竞为闲暇修索之玩，莫不碎玉锵金，啜英咀华，较筐箧之精，争鉴裁之别，虽下士于此时，不以蓄茶为羞，可谓盛世之情尚也。"

这是徽宗赵佶的关于茶的文章，皇帝热衷于茶艺，他的点茶技艺一流。《延福宫曲宴记》记载：有一次宋徽宗召集亲王吃饭，"上命近侍取茶具，亲手注汤击拂。少顷，白乳浮盏面，如疏星淡月"。

士大夫以分茶为雅尚，李清照对茶也甚是喜爱："酒阑更喜团茶苦""当年曾胜赏，生香熏袖，活火分茶"。

只是此一时，彼一时，李清照却道"莫分茶"。都说"五十知天命"，李清照的词中多了些淡泊从容，虽仍免不了寂寞无奈，也算学会了在病中聊以自慰、苦中求甜。

比起那些奔波在路上的艰辛、在海上的惶恐、与人对簿公堂的窘迫……暂得一宁静，"枕上诗书"自然是好的，门前的风景有雨也不怕伤了情。

经历过暴风雨，眼前的细雨反倒多了一丝安静和祥和：

摊破浣溪沙

病起萧萧两鬓华，卧看残月上窗纱。豆蔻连梢煎熟水，莫分茶。

枕上诗书闲处好，门前风景雨来佳。终日向人多酝藉，木犀花。

陪伴词人的只有含苞待放的木犀花，也就是桂花。桂花小小的，淡黄色，花色不浓，花冠不像牡丹般硕大、引人，却是"酝藉"的。香气含蓄，不显山不露水，重在陪伴、重情、弥久。李清照咏过桂花，称桂花"自是花中第一流"。

读来，难免有忧愁、苦涩的感觉，也为词人的遭遇表示同情和怜悯，却也被易安的坚强和勇敢打动。

王思语赞道："清照当宋室南渡之后，丈夫病死，孤身漂泊于杭州、越州（今浙江绍兴市）、台州、金华等处，所作多危苦之词。或许由于久病初愈，使人欣慰吧，此词格调轻快，心境怡然自得，与同时期的其他作品很不相同。通篇全用白描，语言朴素自然，读来情味深长，有如词中赞美的木犀一样酝藉有致。"

"明白如话，自然浑成"的寥寥数字，以病后初愈的日常生活入词，抒发本真情感，代入感强，情景交融，从容中隐藏了淡淡的忧伤，有一种风暴后的平静之美。

02　写诗送行

公元 1133 年 5 月，朝野中发生了一件事，再次打破了李清照在杭州暂时安宁的生活。

宋金两国数次交锋，宋徽宗和宋钦宗仍被金人关押，受尽凌辱，当时老百姓为了保全两位前代皇帝的颜面，只说他们去了北方狩猎，其实是被金人"猎"去。宋徽宗得知儿子赵构建立南宋，写过血书，希望赵构赶紧派人来救自己，不过他始终没有等到消息。

赵构坐不住了，就派遣韩肖胄和胡松年出使金国，一则慰问两位前代皇帝，二则打探金人就双方是战是和的态度。

韩肖胄的曾祖父正是北宋名相韩琦，据说是韩肖胄主动要求出使金国的，这在当时大多数宋人视金人为猛虎野兽，怕得要死的社会风气下，韩肖胄是一个勇敢、不畏生死的士大夫，有他曾祖父当年的风采。他还告诉皇帝，如果两国交战，不用考虑他的安危，千万不要对金国手软，当战则战。

当年李格非和其父亲就出自韩琦的门下，得到过韩琦的举荐。李清照得知后，觉得韩肖胄特别亲切，犹如故人。又听说了他的事，李清照写了两首诗为其送行：

上枢密韩肖胄诗

绍兴癸丑五月，枢密韩公、工部尚书胡公使虏，通两宫也。有易安室者，父祖皆出韩公门下，今家世沦替，子姓寒微，不敢望公之车尘。又贫病，但神明未衰落。见此大号令，不能忘言，作古、律诗各一章，以寄区区之意，以待采诗者云。

其一

三年夏六月，天子视朝久。
凝旒望南云，垂衣思北狩。
如闻帝若曰，岳牧与群后。
贤宁无半千，运已遇阳九。
勿勒燕然铭，勿种金城柳。
岂无纯孝臣，识此霜露悲。
何必羹舍肉，便可车载脂。
土地非所惜，玉帛如尘泥。
谁当可将命，币厚辞益卑。
四岳佥曰俞，臣下帝所知。
中朝第一人，春官有昌黎。
身为百夫特，行足万人师。
嘉祐与建中，为政有皋夔。
匈奴畏王商，吐蕃尊子仪。
夷狄已破胆，将命公所宜。
公拜手稽首，受命白玉墀。
曰臣敢辞难，此亦何等时。
家人安足谋，妻子不必辞。
愿奉天地灵，愿奉宗庙威。
径持紫泥诏，直入黄龙城。
单于定稽颡，侍子当来迎。
仁君方恃信，狂生休请缨。
或取犬马血，与结天日盟。
胡公清德人所难，谋同德协心志安。
脱衣已被汉恩暖，离歌不道易水寒。
皇天久阴后土湿，雨势未回风劳急。
车声辚辚马萧萧，壮士懦夫俱感泣。
闾阎嫠妇亦何知，沥血投书干记室。
夷虏从来性虎狼，不虞预备庸何伤。

衷甲昔时闻楚幕，乘城前日记平凉。
葵丘践土非荒城，勿轻谈士弃儒生。
露布词成马犹倚，崤函关出鸡未鸣。
巧匠何曾弃樗栎，刍荛之言或有益。
不乞隋珠与和璧，只乞乡关新信息。
灵光虽在应萧萧，草中翁仲今何若。
遗氓岂尚种桑麻，残虏如闻保城郭。
嫠家父祖生齐鲁，位下名高人比数。
当时稷下纵谈时，犹记人挥汗成雨。
子孙南渡今几年，飘零遂与流人伍。
欲将血泪寄山河，去洒东山一抔土。

其二
想见皇华①过二京②，壶浆③夹道万人迎。
连昌宫里桃应在，华萼楼前鹊定惊。
但说帝心怜赤子，须知天意念苍生。
圣君大信明如日，长乱何须在屡盟。

　　大多数人经历李清照所经历的事，会选择心灰意冷，或隐居生活，再不过问时事，历朝历代都有这样的例子。和李清照同一时期的朱敦儒，他比李清照大3岁，北宋末年大变乱的时候，他逃亡两广，在岭南流落了一段时期。朱敦儒活到70多岁，做官生涯却短暂，长期过着隐士的生活，他被称为"天资旷逸，有神仙风致"的词人。他的诗作大多描写闲适的生活，严重脱离了现实世界。晚年

---

　　① 皇华：很耀眼的光华，这里是在称颂使臣。出自《诗经·小雅·皇皇者华》。

　　② 二京：指南宋使臣出使金国，要经过北宋时期的东京（开封）、南京（商丘）。

　　③ 壶浆：以壶盛酒浆来欢迎百姓拥护的军队，这里指欢迎南宋使臣。出自《孟子·梁惠王下》："箪食壶浆，以迎王师。"

时，朱敦儒在秦桧的笼络下做过鸿胪少卿，成为他的一大污点。他的作品里关于家国、憎爱的少了，风花雪月的多了。

汴京城沦陷前夕，朱敦儒写："我是清都山水郎，天教分付与疏狂。……诗万首，酒千觞，几曾着眼看侯王？玉楼金阙慵归去，且插梅花醉洛阳。"当时局势危急，他不愿为官，有所作为，只管插梅花、酒醉、逃避现实。"靖康之难"期间，他没有官职，逃难时"云海茫茫无处归，谁听哀鸣急"。真是叫人恨铁不成钢。

李清照也"醉里插花"，却叫"花莫笑"。她无法为官，也不是政治家，无权过问政事，却丝毫没有置身事外，她关注时事，以敏锐的眼光看清形势，提出精辟的见解，密切地关注国家前途、民族命运，莫说在女子中罕见，在男权的社会里，能做到的男子亦是鲜有。

第一首诗气势夺人，洋洋洒洒挥笔写来，对韩肖胄和胡松年出使金国大加赞赏，表达了深深的憧憬之情；诗中对战争中的苦难人民表示深深的忧虑和关切；又以自己的切身经历和体会诉说一个孤苦民妇深受战争的迫害和痛苦；揭露金人对宋朝的侵略和野蛮行径，希望朝廷不要一味地求和、妥协，她主张收复故土，笃定大宋子民大有将才，愿意为国家尊严、为普通百姓战死沙场。

诗的格式从五言到七言，情感由隐忍、平和转为鲜明、强烈，尤其是最后一句，极其振奋、鼓舞人心，可见其对祖国的一片赤心。

写完一首，还不足以表达其情感，又写下第二首，想象两位使臣所到之处，都受到了老百姓的夹道欢迎，表达了普通百姓的心愿：希望皇帝能够怜悯百姓之苦，早日收复山河，统一国土，这是众望所归，不要再抱有侥幸心理，求和妥协了。

诗中第二联也是诗人的想象：北宋的宫殿完好无损，鸟雀对于使臣的到来也很惊喜。第三联则是议论：战争中受苦的始终是老百姓，作为一国之君，理应为百姓着想，让他们过上安稳的日子。

最后一联则赞颂君王圣明，又委屈地提出南宋朝廷不要只顾偏安一隅，将国家、百姓长期陷入战乱中，绝不是最好的办法，而应态度强硬，将金人赶出宋朝国土，还给宋朝百姓安稳的生活。

李清照借两首诗表达了宋人对自由、幸福生活的追求，对宋朝朝廷向金人妥协的不满，渴望祖国早日统一，收复旧山河的美好希望。

后来事情的发展没有如李清照所愿，不过她这种心系国家、百姓，心怀天下的大情怀，是国难当头之际，每个人更应该拥有的情怀，不再因个人得失、忧患而悲苦，这样，国家才有希望。

03　山河依旧

"万里东风，国破山河落照红。"

朱敦儒词中的故国，万里东风起，山河落照红。自从公元1149年，他离开朝廷后，就长期居在嘉禾，也就是今天的浙江嘉兴市，在城南经营一座别墅，前后用《好事近》词调创作六首渔父词来表达对隐居生活的喜欢。

这是其中一首：

>　　摇首出红尘，醒醉更无时节。活计绿蓑青笠，惯披霜冲雪。
>　　晚来风定钓丝闲，上下是新月。千里水天一色，看孤鸿明灭。

果真是"世外人语"。

"陆放翁云：'朱希真居嘉禾，与朋侪诣之。闻笛声自烟波间起，顷之，棹小舟而至。则与俱归。室中悬琴、筑、阮咸之类。檐间有珍禽，皆目所未睹。室中篮缶贮果实、脯醢，客至，挑取以奉客。'"《澄怀录》中记载。

陆放翁就是陆游，朱敦儒，字希真，他还写过：

>　　一个小园儿，两三亩地。
>　　花竹随宜旋装缀。
>　　槿篱茅舍，便有山家风味。
>　　等闲池上饮，林间醉。

都为自家,胸中无事。
风景争来趁游戏。
称心如意,剩活人间几岁。
洞天谁道在、尘寰外。

如此悠闲的生活,真叫人羡慕。朱敦儒已经忘了南渡时哀鸣的孤雁,忘记了宋朝故土难收复,人民正生活在战争的苦难中,而安于世外桃源的生活了。

李清照也喜欢隐居生活,她曾经和赵明诚屏居在青州十几年:"甘心老是乡矣。故虽处忧患困穷,而志不屈。"她没办法像朱敦儒那样过着闲适的生活,她的晚年注定是飘零的、依旧关注时事的,带着一种说不尽的忧愁,又时常有豪迈的情怀迸发。

她也用《好事近》的词调写过:

风定落花深,帘外拥红堆雪。长记海棠开后,正伤春时节。
酒阑歌罢玉尊空,青缸暗明灭。魂梦不堪幽怨,更一声鹈鴂。

有人认为这是李清照南渡前写的词,词中蕴含淡淡的伤春情绪,还有对丈夫的怀念之情。也有人认为这是赵明诚死后,词人的思国怀乡之作。

"青缸",青灯,指灯光青白微弱。灯火忽明忽暗的时候,饮完酒,听完曲,酒杯空了。

"鹈鴂",杜鹃鸟,杜鹃是古诗词中常见的意象,杜鹃啼叫时,正是百花凋残之际。"鹈鴂,一名子规,一名杜鹃,常以立夏鸣,鸣则众芳皆歇。"

平慧善评:"众花中独举海棠,不特表明时令更迭,而且感慨花木盛衰、万物兴败,在伤春中暗寓伤情。……全词景、物、声、情水乳交融。"

如今山河依旧在,良人何处寻?故国在何处?

04　如见故人

杭州，公元 1134 年 8 月，李清照为《金石录》作后序。

想到亡故的丈夫、一路逃亡的漂泊生活、逐渐遗失的收藏珍宝……李清照甚是感慨，北宋的灭亡，改变了多少人的生活。

据《宋史·钦宗本纪》记载，与宋徽宗和宋钦宗两位皇帝一同被俘的还有皇家贵族、技艺、工匠、倡优等，一共有三千多人。多少人家破人亡、妻离子散啊！当时民间流行的吴歌咏叹道："月子弯弯照几州？几家欢喜几家愁？几家夫妇同罗帐？几家飘散在他州？"

如今只剩下李清照孤苦无依。

她不由得写道："今日忽阅此书，如见故人。"

往事历历在目：在莱州静治堂上，赵明诚把《金石录》刚刚装订成册，插以芸签，束以缥带，每十卷作一帙。其认真、用心的身影逐渐变得模糊。赵明诚是多么勤奋的一个人啊！那时，他结束了一天的工作，拖着疲惫的身子挑灯校勘《金石录》两卷，题跋一卷。如今，清照翻看此书，两千卷中就有五百零二卷的题跋啊。可见他是多么用心、细致的一个人啊！

李清照看着夫君的手迹，抚摸着它们，还像新的一样。这些带着他气息的字迹仿若他就在自己的身畔，仿若就在从前……可谁又能想到呢，他墓前的树木已经长到两手可以合抱那么粗了。

时间如流水，恍如隔世啊。

这真叫人感到悲伤。

李清照联想到梁元帝萧绎，在都城江陵沦陷时，面对国家的灭亡，他痛恨不已，不惜去焚毁十四万册的图书。隋炀帝杨广在江都遭到覆灭后，没有以身体殉国，反而去把唐人载去的图书重新夺回来。

难不成这些东西叫人专注到逾越过生死了吗？

李清照不禁想，是不是自己天资菲薄，不配享有这些奇珍异宝，又或者是明诚泉下有知，对它们爱惜有加、恋恋不舍，不肯将之留在人间？得到它们时是如此艰难，而失去却又那么容易！

想到自己当初嫁给赵明诚的情景，历历在目，那时，她只比他小两岁，这三四十年恍惚间，忧患得失何其多啊，而今，他永远地留在了 39 岁，她比他倒大了不少岁。

所谓有即无，无即为有，有聚便有散，聚散本无常，这本也是人间常理，有人丢了弓，就有人得到弓，所谓"塞翁失马，焉知非福"，人生无常，又何必斤斤计较。

李清照与自己和解："所以区区记其终始者，亦欲为后世好古博雅者之戒云。"留下这些文字，记录这本书的始末，想为后世好古博雅之士留下一点鉴戒。这也是李清照为赵明诚所能做的为数不多的事情了。

所谓"见字如见人"，文字是人类最伟大的发明，它让我们穿越古今，再次目睹了李清照之芳华绝代。

卷八 悄然仙逝：人间天上，没个人堪寄

第一章
只恐双溪舴艋舟，载不动、许多愁

01 作后序文

公元1134年8月，李清照完成了《〈金石录〉后序》的创作。

《金石录》是金石学家名著，赵明诚著，共三十卷，李清照一直参与其中，夫妇二人志同道合，"平生与之同志"。金，指古代金属器皿，主要指青铜器钟鼎之类的器皿，多有铭文。石，古代石刻文字碑铭之类。《金石录》开头有赵明诚写的序，李清照写的这篇后序放在卷末，是篇散文佳作，有自传性质，是研究李清照生平的第一手重要资料。

《〈金石录〉后序》简洁地交代了作者、卷数、内容并对该书做出评价等，大篇幅叙写了金石书画的收集及散佚的过程，讲述了自己与赵明诚屏居青州、一路漂泊、生离死别等一系列国破家亡的变故，反映了当时动乱时代的苦难生活。"自述其离乱状，人皆悯之。"

读之，没有人不为之动容。有位宋人评价它："使后人叹息。以见世间万事，真如梦幻泡影，而总归于一空而已。"称赞李清照"才高学博，近代鲜伦"。

这篇散文明代人评价极高：祝允明评："有此文才，有此智识，亦闺阁之杰也。"郎瑛道："李易安，又文妇中杰出者。亦能博古穷奇，文辞清婉，有《漱玉词》行世，诸书皆曰与夫同志，故相亲相爱至极。予观其叙《金石录》后，诚然也。"

"叙次详曲，光景可睹。存亡之感，更凄然言外。"有文人不由得赞道：

张丑道："易安居士能书、能画，又能词，而尤长于文藻。迄今学士每读《〈金石录〉后序》，顿令精神开爽。何物老妪生此宁馨，大奇，大奇。"

"这篇文章不仅是研究李清照生平事迹的可靠材料，而且也是动乱时代的一个缩影。这篇跋文同时又是一篇叙议结合、温情并茂的散文佳作，全文主线分明、叙次井然、细节生动、感情丰沛、跌宕起伏、感人至深。"徐北文赞道。

其中有不少句子依旧为后人所共鸣："故虽处忧患困穷，而志不屈。""今日忽阅此书，如见故人。""抑亦死者有知，犹斤斤爱惜，不肯留在人间耶。何得之艰而失之易也。""然有有必有无，有聚必有散，乃理之常。人亡弓，人得之，又胡足道！"

02　避难金华

九月，金国、齐国合力进犯杭州等地，十月，李清照逃往金华避难。在金华一家姓陈的民宅暂居。十一月，李清照创造了《打马赋》《打马图经》并序。

李清照被赋予"赌神"的称号，每次打马都赢，是她得意的事之一。李清照在金华避难时，写下多篇关于打马的文章。这些文章从表面上看，只是阐释和论述了打马的条例，包括相关经验与总结，实际上，是借由"打马"来表现她主张抗敌、收复失地的爱国心。

面对金人的铁骑，南宋小朝廷节节仓皇败退，形势危急，李清照在《打马赋》中谈论博弈之事，大量引用战马的典故，谈及历史上那些抗战杀敌的壮举，赞扬了像桓温、谢安等这样的名臣良将，对于那些不思抗敌、昏庸无能、自私自利的庸臣进行谴责。

"木兰横戈好女子，老矣谁能志千里，但愿相将过淮水。"恨不能直接拿起武器奔赴前线，保家卫国，李清照多希望也出一份力啊。一片拳拳爱国心啊。

"易安动以千万世自期，以彼其才，想亦自信必传耳，昔人谓鸡林宰相，以万金购香山诗一篇，真赝辄能辨。"清代王士禄评

《打马图序》，又评价《打马赋》："易安落笔即奇工，《打马》一赋，尤称神品，不独下语精丽也。如此人自是天授，湖州乃为'帘卷西风'损却三日眠食，岂不痴绝。"

黄墨谷则道："当时秦桧为相，到处是天罗地网，无人敢言兵，李清照却通过游戏，呼喊过淮，所以黄檗山人《题打马图》诗云：庙堂只有和戎策，惭愧深闺打马图。"

03 作《钓台》诗

桐庐江位于杭州、金华之间，李清照往返于两地之间，在此暂作逗留，写下《钓台》，又名《夜发严滩》：

> 巨舰只缘因利往，扁舟亦是为名来。
> 往来有愧先生德，特地通宵过钓台。

这又是一首感时咏史之作，情辞慷慨。李清照目睹东汉严子陵垂钓处，萌生了诸多感慨。根据明代郎瑛《七修类稿》卷三十《赵墓严台诗》记载："汉严子陵钓台，在富春江之涯。有过台而咏者曰：'君为利名隐，我为利名来。羞见先生面，黄昏过钓台。'"李清照借用此诗改写而成。

严子陵，东汉著名隐士，因高风亮节而闻名天下，范仲淹赞他"云山苍苍，江水泱泱。先生之风，山高水长"。芸芸众生，谁不在为名利而奔波，"巨舰""因利""扁舟""为名"，诗人采用互文见义的修辞手法，道尽世人皆为名利所羁绊，匆匆忙忙一生。

面对严子陵先生，诗人心有愧疚，羞于见先生一面，特地通宵在钓台，沉思良久，表达对先生的崇敬之情。又想到目前的南宋朝廷，又有什么人像先生这般不为名利所累，真心为国、为民呢？

"往来"说明李清照多次往来钓台，据《李清照全集评注·李清照年表（简编）》载：宋高宗绍兴三年（1133）李清照居临安；

绍兴四年十月，避乱赴金华。又据李清照《打马图经序》云："易安居士亦自临安溯流，涉严滩之险，抵金华，卜居陈氏第。"严滩，就是严陵濑，严子陵钓台下之滩濑。

宋高宗绍兴五年（1135）春，李清照居金华。"五年五月三日，诏令婺州取索故直龙图阁赵明诚家藏《哲宗皇帝实录》缴进。""年内，李清照由金华返临安。"由这些可知，李清照在钓台逗留不止一次，多次往来，每一次心都被触动，积蓄许久，终于爆发写下《钓台》，有感而发，肺腑之言，她时时刻刻都心系国家、百姓。这首诗中表现的名利观与她的词、文是一致的。

她曾在《〈金石录〉后序》中写："故虽处忧患困穷，而志不屈。"

怪不得黄墨谷赞道："她只用二十八个字，却把当时临安行都，朝野人士卑怯自私的情形，描绘得淋漓尽致。这时，词人也没有饶恕自己的苟活苟安，竟以为无颜对严光的盛德。……清照这种知耻之心，和当时那些出卖民族、出卖人民的无耻之徒（相比），确是可敬得多了。"

这在宋朝士大夫多为软骨头的风气下，李清照这样的名利观实属难得。

公元1135年，5月3日，皇帝下诏令婺州取索故直龙图阁赵明诚家藏《哲宗皇帝实录》缴进。这本由赵挺之保存，后被交给赵明诚，此时已交到李清照手中保藏。这可是有违禁性的朝廷大事，李清照不久就离开婺州府治，暂时避之。

04　写愁名句

对李清照有偏见的王灼曾说："作长短句能曲折尽人意，轻巧尖新，姿态百出。"而《武林春·春晚》则又是其代表作之一。

犹记少女时代，李清照"沉醉不知归路"，"争渡，争渡，惊起一滩鸥鹭"。日暮溪亭边，李清照玩儿得畅快淋漓，与天地自然融为一体，物我两相忘。

又是一年春景恰好，金华的双溪春色最好，还可以在溪上泛舟，风景如画，是唐宋时有名的风光旖旎的游览胜地，非常值得一去。李清照本可以去追忆少女时光，她却起了无限的忧愁：

武林春·春晚

风住尘香花已尽，日晚倦梳头。物是人非事事休，欲语泪先流。

闻说双溪春尚好，也拟泛轻舟。只恐双溪舴艋舟①，载不动许多愁。

李清照未曾察觉春日的到来，待察觉，竟已然晚春时节了，风停了，百花凋落殆尽，尘土中还有花儿的香气。像她这样对自然、气候敏感的人竟全无察觉，为什么啊？

待到起床梳好头发，已经是中午了，整个人都意兴阑珊，对一切都了无心情。春去春来，花照样盛开、凋零，可是词人已经不再是往昔的那个词人了，再也没有少女时的欢呼雀跃了。

国破家亡，夫死物散，何等"物是人非"啊！"花已尽"，一切好像早就结束了。眼前的此情此景，想要说点儿什么，还未开口，泪水就先流下了。眼波里藏着无限的忧愁，一不小心，它们全都滚动起来，带动更多的心思，一触即发。

所谓"景物尚如旧，人情不似初"啊！"言之于邑，不觉泪下。"

悲伤至极，词人却又笔锋忽转：总不能一直这样吧，听说双溪的春景还不错，词人也打算泛舟去赏一赏大好春光，可是想到的，竟是担忧双溪蚱蜢般的小船，怎么能载得动她内心沉重的忧愁呢？

真是"尺幅千里，曲折有致"。"只恐双溪舴艋舟，载不动许多愁。"更是"凄婉劲直，化抽象为形象"，由此被推为写愁名句。

心中哀伤之情，即使身处大好春风中，眼眸所见全是乐景，满

---

① 舴艋舟：蚱蜢形状的小船。

腹的浓愁又怎么能藏得住呢？一不留神，它们就倾泻而出，纵然已是知天命之年，如何能够面对国破家亡、丧夫、颠沛流离等种种的苦难所带来的愁绪呢，又哪是泛舟溪上、春光明媚所能排解的呢？

梁乙真不禁叹道："风霜忧患之余，人事沧桑之感，则此词已深惋地唱出往事之哀音也。"

"词虽小，而韵味深厚。末尾设想尤奇特，流露出极浓烈的感情。语言通俗易懂，正是李清照词的本色。真可谓言浅意深、语淡情浓、字字血泪、催人肺腑。抒情写到这等地步，无疑是已入化境。"蔡厚示由衷赞言。

第二章
香车宝马，谢他酒朋诗侣

01　题八咏楼

婺州古子城，江上的风吹拂着，那座八咏楼经历千年的洗礼，依旧如故。

八咏楼原名玄畅楼，是南朝沈约在此担任太守时，在玄畅楼壁上写了总题为《八咏》的八首诗而闻名。

李清照漫步在古子城的街道上，又登上了八咏楼，望着滔滔的婺江水，思绪万千，提笔写下荡气回肠的《题八咏楼》：

"千古风流八咏楼，江山留与后人愁。水通南国①三千里，气压江城十四州②。"

诗人在金华避乱时，感叹祖国如此大好河山——"水通南国三千里，气压江城十四州"，如今却是山河破碎，徒成半壁，短短二十八个字，却气势开朗雄俊，其中的忧愤之气、感伤国事之情，如此撼动人心，不忍再读。

"明月双溪水，清风八咏楼。"千古风流的八咏楼未来命运如何，"留与后人愁"，意味隽永，寄托遥深。江山能否保住，李清照愁啊，可偏安一隅的南宋小朝廷只顾自己活命，弃锦绣山河于不顾，只有留给后人去发愁了。

---

①　南国：泛指中国南方。

②　十四州：《宋史·地理志》中，将宋两浙路，辖二府十二州，也就是平江、镇江府，杭、越、湖、婺、明、常、温、台、处、衢、严、秀州统称十四州。指现在江苏南、浙江及皖南部分地区。

但愿后人中有可以收复故土、河山的英雄壮士横空出世，李清照将这一心愿寄给了明月，寄给了八咏楼，寄给了金华的山河大地。

"水通南国三千里，气压江城十四州"一句化用贯休的诗："满堂花醉三千客，一剑霜寒十四州。"贯休是晚唐诗人，他曾写诗投给钱镠，当时钱镠欲要称帝，要贯休把"十四州"改为"四十州"以壮其势，贯休坚决不同意，声称"州亦难添，诗亦难改"。李清照化用贯休的诗，对他表达崇敬之意，珍视他珍爱寸土山河的决心。以此来反讽南宋小朝廷置寸土河山不顾，苟且偷安，苟活于世。此处用典真是深妙无痕，却又如此息息相关。

徐北文赞道："人们不禁会想起杜甫的名作《登岳阳楼》。杜甫登楼，也正是国难当头的时候和孤身飘零的时候，二位诗人的心境是相同的。……而李清照呢，她却将强烈的感情深深埋在了心底，她努力不使感情外露。因此，该诗虽然蕴含丰富，却写得十分沉稳凝重。尽管如此，诗人那哀痛之情、悲愤之情仍然溢出纸外，深深地打动着每一位读者。"

李清照的几首咏史诗，表达了她对国事的关心，希望更多有识之士来关注国家的兴亡，在个人生活飘零的窘迫之下，还能惦记着国家、百姓，这与当时的当权者或隐居者相比，都是值得后人称颂的，是女性爱国的光辉典范。

02　得似旧时

公元1136年，岳飞大军俘虏了伪齐士卒，这些人都是跟随刘豫的人，他们不过是金人的傀儡，岳飞深知这一点，便给他们一些银钱，遣返回乡了。遣返之前，岳飞对他们说："汝皆中原百姓，国家赤子也，不幸为刘豫驱而至此。今释汝，见中原之民，悉告以朝廷恩德，俟大军前进恢复，各率豪杰来应官军！"

岳飞的大军一路发展壮大，他觉得到时间了，向皇帝申请与金人开战，恢复中原，但没有得到允许。

这一年，李清照由金华返回临安。

又过了一年，刘豫统治下的老百姓天天盼望着南宋的军队来灭了他，刘豫没有得到金人的支持，又在中原民兵的大举讨伐下，大败溃退，伤亡惨重。后来，他就被金朝废除了。次年，宋高宗就把临安定为都城。

李清照在临安时写下《转调满庭芳》：

芳草池塘，绿阴庭院，晚晴寒透窗纱。玉钩金锁，管是客来吵。寂寞尊前席上，惟愁海角天涯。能留否？酴醾落尽，犹赖有梨花。

当年，曾胜赏，生香熏袖，活火分茶。极目犹龙骄马，流水轻车。不怕风狂雨骤，恰才称煮酒残花。如今也，不成怀抱，得似旧时那？

这首词的版本有缺失，这里收录的是清代流传补字版。济南出版社出版的《李清照全集评注》中写："此词著录于《乐府雅词》卷下，文有缺遗，亦无他本可校正。文津阁本《四库全书》之《乐府雅词》抄本，虽有补正，但颇不类，疑为馆臣妄增，王仲闻《校注》已指出，且不据之校补，甚是。故后无鉴赏。"

虽有缺失，从现存词句可知，这是词人写自己沦落之苦，和对故国深深的怀念的词作。

03　今昔元宵

在临安的日子，于李清照而言，看似安稳了许多。

又是一年元宵佳节，这都城到处张灯结彩，一片节日的热闹氛围。李清照看日暮下的余晖，像融化了的金子般迷人，天边的云彩绚丽多彩，词人不禁恍惚起来：我这样一个劫后余生的人究竟在何处呢？

烟雾渲染了柳色，逐渐浓郁，何处传来的笛声，幽怨的《梅花落》时远时近，不知春光有几许？这元宵佳节，真是风和日丽，云卷云舒，会不会转眼间就突降暴风骤雨呢？

有人见李清照一个人孤单，便邀请她去参加宴会，有香车宝马接送，有酒有诗共醉，但都被她谢绝了。

李清照明白：这杭州城的热闹不属于她。她的脑中慢慢浮现出昔日元宵节的情景来。

怎么可能忘记呢？汴京城繁华的那段时光，闺中女子多有闲暇的游戏，特别是正月十五这一天，女子们头上戴着翠鸟羽毛的帽子，身上装饰着金雪柳，这是由美丽的金线捻成的雪柳，女子们个个都把自己打扮得整整齐齐、漂漂亮亮的。

李清照也不例外，那时的她，可是汴京城里时尚美的代表呢。如今这副容貌却十分憔悴，丝毫没有心情去做任何的装饰，就连像被风吹过一样蓬乱的头发，也是两鬓斑白，哪有闲情去梳理它们呢，更别提晚上出去赏花灯了。

元宵佳节怎么过呢？李清照认为，还不如躲在帘儿下，听众人的欢声笑语呢。

两地的元宵节，同样的热闹、繁华，词人的心境却大不相同，两相对比之下，突出词人对故国和亲人的怀念，以及独自漂泊的凄凉心情。

或许写词可以暂时慰藉她孤独的灵魂：

永遇乐·元宵

落日熔金，暮云合璧，人在何处？染柳烟浓，吹梅笛怨，春意知几许。元宵佳节，融和天气，次第岂无风雨。来相召、香车宝马，谢他酒朋诗侣。

中州盛日，闺门多暇，记得偏重三五。铺翠冠儿，撚金雪柳，簇带争济楚。如今憔悴，风鬟霜鬓，怕见夜间出去。不如向、帘儿底下，听人笑语。

宋人对元宵节是非常重视的，官方放假五天，从正月十四到正月十八，也称为灯节。这时人们张灯结彩，舞灯舞龙，人们头上簪花，穿着漂亮衣服，出来赏花灯，看火树银花，是民间一盛大节日。北宋画家王诜写有《人月圆·元夜》一词：

"小桃枝上春来早，初试薄罗衣。年年此夜，华灯盛照，人月圆时。禁街箫鼓，寒轻夜永，纤手同携。更阑人静。千门笑语，声在帘帏。"

王诜眼中的元宵"年年此夜，华灯盛照，人月圆时"，写的是汴京城，很是壮观、热闹。欧阳修写道："去年元夜时，花市灯如昼。月上柳梢头，人约黄昏后。今年元夜时，月与灯依旧。不见去年人，泪湿春衫袖。"

元宵节如故，不见去年人，深深的忧伤和愁思，欧阳修个人的忧愁抵不上李清照的深，李清照晚年的词中无泪，却比有泪更愁人。

"去年元夜、正钱塘，看天街灯烛。闹蛾儿转处，熙熙语笑，百万红妆女。今年肯把轻辜负。列荧煌千炬。趁闲身未老，良辰美景，款醉新歌舞。"同时代人赵长卿写有《探春令》一词。写的南宋的杭州，依旧热闹非凡，繁花似锦，赵长卿说如此良辰美景，太平盛世，大家一起载歌载舞吧。

04　听人笑语

南宋时，杭州城有一百多万人口，元宵百万红妆看灯，熙熙笑语声，是全城人的庆典。李清照无法融入其中。倘若她还是那个"沉醉不知归路"的少女，不经世事沧桑，没有一系列的沉痛遭遇，或许她可以漫步在杭州的街头，把自己打扮得漂漂亮亮，潇洒自由地看着、说着、笑着、乐着……

但如今她斑驳的白发、憔悴的容颜，怕自己成为热闹风景中的败笔，她明白，自己的悲伤与人们的幸福格格不入，不如就远远地，独自待在院子里，静静地听着他们欢笑吧。她的忧——"元宵佳节，融和天气，次第岂无风雨"，在外人看来，杞人忧天了些，只有她懂，她的危机感并非空穴来风，"未必明朝风不起"。杭州短暂的安稳在兵荒马乱之际，又能维持多久呢？苟且偷安的当权者又能苟且到几时呢？也正如林升那句"山外青山楼外楼，西湖歌舞几时休"。

后来的事证实了李清照的危机感是对的：绍兴三十一年（1161年）秋，金兵大举南侵，作为南宋开国皇帝赵构，21岁登基，做了36年皇帝，翌年选择了退位，做起了太上皇，悠哉乐哉地活到了81岁。

当年的汴京城也是这般美好、盛大，当权者肆意挥霍国力、财力，供一己私用，无视百姓疾苦。转眼间金兵入侵，兵荒马乱，"风流云散，万户流离失所，残不可言"，这些李清照忘不了。"良辰美景奈何天，赏心乐事谁家院。"李清照默默无言的悲伤藏在心底，不哭，无泪，实则比放声痛哭更甚。

即便"融和天气"无风雨，但"酒意诗情谁与共"呢？那个人已不在人间，独留李清照一人，夜半醒来，"空对烛花红"。即使是"香车宝马""酒朋诗侣"也吸引不了她。且，李清照的余生里，她还在不断地失去。

宋朝刘辰翁读之，"为之涕下"，由此评价："今三年矣，每闻此词，辄不自堪。遂依其声，又托之易安自喻，虽辞情不及，而悲苦过之。"

"炼句精巧则易，平淡入调者难。山谷谓以故为新，以俗为雅者，易安先得之矣。"张端义在《贵耳集》中评价该词。

刘乃昌云："全词以元宵为聚焦点展开记叙，思路由今而昔再到今。今昔对比，以乐景写哀，以他人反衬，益增悲慨。"

后人对李清照词的每一次欣赏，都是对她的解读，都在延续她身上熠熠生辉的美好精神。

"不如向、帘儿底下，听人笑语。"最后一句表明李清照宁可与热闹的人们保持一定的距离，与那些偷安的南朝当权者背道而驰，她想保留一点清醒，她不愿轻易遗忘北宋的灭亡，不愿意忘却一路飘零散佚的那些古董字画，更不愿意忘却曾经与夫君赵明诚的点点滴滴……

这一点点的清醒，再加上士大夫中和她一样的人，南宋便有救，有朝一日，杭州城里的元宵节，才是真正的繁华和盛大，才是真正的太平盛世。

第三章
叶叶心心，舒卷有余情

01 难梦到家

公元1136年，53岁的李清照返回临安，此后，她一直在临安居住，直至终老。

从北宋的汴京城，到南宋的临安，"暖风熏得游人醉，只把杭州作汴州。"南宋小朝廷可以醉生梦死，李清照以及不少清流名士却无法做到。

公元1139年，宋人与金国通和，大赦天下。

1140年，朱弁作《风月堂诗话》，将李清照的一些诗收入其中。他称李清照"善属文，于诗尤工。""如'诗情如夜鹊，三绕未能安'，'少陵也自可怜人，更待来年试春草'之句，颇脍炙人口。"

朱弁，和李清照同时代的人，比李清照小一岁，当过官，是位文学家。建炎元年，也就是金兵攻陷东京城的那一年，他曾自荐为通问副使赴金，被金人拘留，因不肯屈服，16年后才把他放回南宋。后来，他曾劝宋高宗恢复中原，自然就得罪秦桧，官途之路就被封死了。他被金人扣留期间，从未忘记过宋朝，笔耕不辍，写下不少怀念故国的诗作，忧国之情跃然纸上。

其中《风月堂诗话》二卷也是在这期间写成。公元1140年，他为此书作序云："予复以使事羁绊漯河，阅历星纪，追思曩游，风月之谈，十仅省四五，乃纂次为二卷，号《风月堂诗话》。"这是一本诗文评的书籍。

朱弁认为写诗贵在自然，"古今胜语皆自肺腑中流出"，如果发现有"露斧凿痕迹者",则"不可与论自然之妙也。"他喜欢杜甫的诗句,因为它们是"浑然天成""自成文理"的。因此他对于李清照的流露出真挚情感的诗句,才会大加赞赏。

朱弁有首《春阴》:

> 关河迢递绕黄沙,惨惨阴风塞柳斜。花带露寒无戏蝶,草连云暗有藏鸦。
> 诗穷莫写愁如海,酒薄难将梦到家。绝域东风竟何事?只应催我鬓边华。

此诗写于被拘留在金国的期间,塞外的春天里只有凄冷的寒风,几株柳树歪歪斜斜的,几朵野花在寒风中瑟瑟发抖,花朵上还凝着寒露,没有蝴蝶在嬉戏,草丛中藏着几只乌鸦。面对萧瑟的塞上春光,诗人心中只有一个念想:回家。

可是他把诗写尽了,还是回不了家,像大海一样的乡愁如何消解?喝了一点酒,想在入睡时梦到一个回家的美梦,可梦里还没有回到故乡,酒就醒了。春风为什么会吹到这荒凉的地方来,它带不来生机勃勃,只是让我两鬓的白发更多了一些罢了。

没有什么技巧,全诗都在围绕想回故乡不得的郁闷心结。难怪乎,朱弁读李清照,会深有感触,他与李清照一样,个人的命运因为国家、金兵而发生了重大的变故,深受其苦,却依然深深地眷念着故土、家人,此情足以打动人心。

02 愁损北人

当春风吹进朱弁的视野里,他的心里只有回家,没有春光。当院子里的芭蕉绿得郁郁葱葱,硕大而美好,几乎遮盖住整个院子。那一张张硕大的芭蕉叶片,向外延伸、伸展,但它们与叶心始终密切相连,无论舒卷得有多远,都始终眷念着叶心。

李清照在窗前望着这棵芭蕉树,从白天到黑夜,三更时下起了雨,雨打芭蕉,发出"劈劈啪啪"的声响,李清照听得直发愁。

李清照是从故乡山东济南被迫流落到临安的,从北方到南方,所以自称为"北人",可见在临安的生活,虽暂得些安稳,但并没有使她忘记自己是一个漂泊之人,一直惦记着回到故土,一直怀念着从前美好的生活。

雨打在芭蕉叶上,也始终打在李清照的心上,"点滴霖霪",绵绵不断,点点滴滴,似乎永远不会停。

避难客居的人,一叶一雨总关乎乡情:

添字采桑子·芭蕉

窗前谁种芭蕉树?阴满中庭。阴满中庭,叶叶心心,舒卷有余情。

伤心枕上三更雨,点滴霖霪。点滴霖霪,愁损北人,不惯起来听。

"起来听",李清照心中的万千愁绪,听雨可以消解吗?或者,是在听雨中,思念一点一点地化解了吧。"叶叶心心,舒卷有余情",写芭蕉么,实则写词人自己对故土的深情,不管她走多远,心里始终惦记着故乡;不管她身在何处,始终惦记着夫君;不管是雨夜,还是白天,她的心里都牵挂着朝廷。

夜不成眠,芭蕉听雨,"阴满中庭"和"点滴霖霪"的叠用,仿若让读者置身于当时的情境中,那雨打在心上的、抹不去的愁,唯有听过才懂。

03 献帖子词

"宋时八节内宴,翰苑皆撰帖子词。"清代赵翼云。

每逢立春、端午二节,学士院都要向宫中进献"帖子词",给皇帝以及后宫嫔妃欣赏。靖康之难后,这个项目中止了一段时间,到公元1143年又恢复了。

这一年的立春前夕,李清照就和其他学士一起写了几首"帖子词"进献给皇帝及后宫嫔妃,都是一些对皇帝歌功颂德的应酬之作。

立春时进献的帖子词就叫"春帖子",下面这首是写给皇帝的:
"莫进黄金簟,新除玉局床。春风送庭燎,不复用沈香。"
"黄金簟"指用金箔编成的铺床席子。簟,竹席。李清照之前写过"红藕香残玉簟秋"之句。

隋炀帝奢侈,每到除夕就在宫廷里焚沉香,明亮得如同白昼一般。"不复用沈香",不再用沉香,不像隋炀帝那样奢侈,也不再睡金箔编成的席子,李清照赞赏宋高宗节俭。

《贵妃阁春帖子》是献给吴贵妃的应酬之作:
"金环半后礼,钩弋比昭阳。春生百子帐,喜入万年觞。"
钩弋是汉代宫名,汉武帝时期,赵婕妤住的宫名。"万年觞"指向皇帝奉献的寿酒。此时的吴贵妃正得皇帝的宠爱,待遇很好,李清照祝她多子多福。

还有一首是端午给皇帝的帖子:
"日月尧天大,璇玑舜历长。侧闻行殿帐,多集上书囊。"
用尧舜来比喻当朝皇帝,所谓"自古几多明圣主,不如今帝胜尧天",说明皇帝是好皇帝,现在是太平盛世,听说皇帝在殿堂上运筹帷幄,"多集上书囊",古代大臣上书时用青布袋封起来,皇帝在看大臣们的上书,操劳国家大事。

这也太为难李清照,赵构自称"朕在位失德甚多,更赖卿等掩覆"。

张溥评赵构:"然世有人焉见父母之仇不能报,又从而拜之,冀其怜我,而以惜财忍辱为保家,即犬豕其庸食乎!"

爱新觉罗·玄烨说赵构"正宜奋励有为,非仅淡泊挹谦可以恢复大业,即此一端观之,知其优游苟且而无振作之志矣"。

这样一个偏安一隅的皇帝,身上有父亲宋徽宗的基因,继承了他软弱的性子、艺术的天赋,在北宋灭亡的情况下临危当上皇帝,这个乱世中的皇帝,一路逃跑,最终实现心愿:苟且偷安至老。

受苦的是跟着他的大臣们,如李纲、宗泽、岳飞这样尽忠报国的人,受难的是百姓,是千千万万个像李清照这样的人。个人命运，紧随国家的沉浮而浮浮沉沉，徒生不少无奈之感。

04　岳飞冤死

公元1140年，皇帝召回岳飞班师。1142年就与秦桧以莫须有的罪名杀了岳飞。"必杀飞，始可和。"这是金国与南宋议和的条件。岳飞的死成了多少人的意难平啊！

北宋末年，在六大贼人的祸害下，朝廷已经是破败不堪，加上水旱频发，土地荒芜，民不聊生，再加上金国外敌的侵略，在这个苟延残喘的时代，岳飞出生了，生于一个普普通通的民户家庭。岳飞从小就非常喜欢看兵法书籍，熟读《左氏春秋》《孙子兵法》等，刻苦练习骑射、刀枪，十九岁就能拉384斤硬弓、960斤腰弩，可左右开弓射箭，习得精湛武艺，在当地有着"一县无敌"的称号，是个文武双全的人才。

20岁的岳飞开始军旅生涯。当他打赢第一场仗回到家乡，父亲去世。三年守孝期满后，遇上水灾，岳飞再次上了战场，却不敌金兵的军队，幸运的是他所在的军队突围出来。岳飞再次回到家乡，看着眼前被金人破坏的土地和残害的人民，一边是需要供养的年迈的老母亲，一边是破碎的山河，他感慨万千、左右为难，岳飞的母亲替他做出了选择，在他的后背上刺上"精忠报国"四个大字。岳飞再次投军一展身手，有幸认宗泽为恩师，在无数战争的历练中，他迅速成长为一代名将。

岳飞组建一支岳家军，与金兵作战，一路攻城略地，令金兵闻风丧胆，岳家军也是名震四方，收复了不少被金人占领的故土。

岳飞在前方卖命厮杀，稳坐后方的宋高宗却"屈己求和"，重用奸臣秦桧，公元1139年，南宋与金国通和，大赦天下。这让岳飞多年的拼杀成为了一个笑话。岳飞写下《小重山》：

昨夜寒蛩不住鸣。惊回千里梦，已三更。起来独自绕阶行。人悄悄，帘外月胧明。

白首为功名。旧山松竹老，阻归程。欲将心事付瑶琴。知音少，弦断有谁听？

"知音少，弦断有谁听？"饱含着多少辛酸与无奈啊。

1140年，金国的掌权人换成了完颜兀术，撕毁和议。37岁的岳飞开始第四次北伐，这一战让岳家军名垂千古，一路北伐，金兵溃败撤退，眼看宋人的夙愿就要实现了，谁料皇帝用十二道金字牌"大军即刻班师回朝"将岳家军召回，"十年之功，废于一旦""所得诸郡，一朝全休"，万分愤慨的岳飞写下《满江红》，气势如虹之句："壮志饥餐胡虏肉，笑谈渴饮匈奴血。待从头、收拾旧山河，朝天阙。"

"飞自为表答诏，忠义之言，流出肺腑，真有诸葛孔明之风，而卒死于秦桧之手。盖飞与桧势不两立，使飞得志，则金仇可复，宋耻可雪；桧得志，则飞有死而已。"《宋史·岳飞传》中说岳飞与秦桧势不两立，赵构重用秦桧，岳飞只有一死。

《宋史·秦桧传》记载："（绍兴十一年）十二月，杀岳飞。""子云及张宪杀于都市。天下冤之，闻者流涕。"

岳飞之死，"呜呼冤哉！呜呼冤哉！"

后来，南宋第二位皇帝宋孝宗为岳飞平反："卿家纪律、用兵之法，张（俊）、韩（世忠）远不及。卿家冤枉，朕悉知之，天下共知其冤。"

天下人都知晓岳飞的冤情。徐有贞更是评价道："忠义勇智，皆得之天，非矫伪而为者，故能始终以恢复为己任。才与志副，名与实称，南渡以来，一人而已。"

岳飞死的那一年，李清照59岁。当时秦桧得志，再加上秦桧的妻子是王珪的孙女，而她的母亲是王珪的长女，这里有一层亲戚关系。有可能是她年岁老矣，看淡了一切，又或许在夜深人静的时候写过词作，又撕毁了……

总之，即使李清照对此事未曾一语，以她的性子，心中作何感想，后人也可猜测出一二。

第四章
梅心惊破，多少春情意

01 满衣清泪

公元1147年的冬天，临安下了一场大雪，雪里赏梅是最文雅的事。李清照每每此时就会"常插梅花醉"，岁月无情，还是会做同样的事，只是难得会有好心情，稍不留神，记忆的大门兀自打开，弄得自己满衣清泪。

这一年，李清照依旧是个漂泊天涯海角的异乡客，这两鬓的白发又多了不少。看这天色，想来到了晚上风势会更大，想到这里，就再也没有了赏花的心情。

那就回屋写首词：

清平乐

年年雪里，常插梅花醉。挼尽梅花无好意，赢得满衣清泪。

今年海角天涯，萧萧两鬓生华。看取晚来风势，故应难看梅花。

词里词外都一样，纵然写得一首好词，与谁共赏呢？罢了，不如醉去，早早去睡觉吧，或许梦里还能相见。

此时，李清照对赵明诚除了思念，已经没有什么心思了，夫妇共同收藏的宝物散佚了，《金石录》也已经校勘好，上表朝廷了。赵明诚的夙愿已了，李清照的晚年生活还是会赏花、饮酒、看书、写词……只是心情不一样了。

年轻时写下的"相思难表",如今只剩下这"满衣清泪""难看梅花"了。

或许,她会在某个深夜,将旧作拿出来读一读,追忆曾经的似水年华吧。

02 肠断与谁

雪慢慢融化了,就像从未来过人间一样。

初春的脚步轻轻地走来,一日清晨,李清照从清雅的藤床纸帐中醒来,突然涌上来一股说不尽的伤感与相思。

房间里的香,时断时续,一寸一缕,焚烧殆尽,只剩下玉炉默默地陪着词人,还是如此的凄凉和孤寂啊。

《梅花三弄》的笛声婉转悠扬、如泣如诉,枝头的梅花开得正好,春意盎然,却引起了词人无限的幽幽情意。

记忆的脚步轻盈地回到了青州的那段时光。

李清照的思绪飘向了远方。

不知何时下起了小雨,刮起了风,绵绵不绝、潇潇不停,李清照独自枯坐,泪水不自觉地流出来,怎么都止不住。

"江南无所有,聊赠一枝春。"从前不管有多远,哪怕千里迢迢、山水相隔,这枝梅也总有人相赠。

情不自禁地又折下一枝梅花,只是寻遍了天上、人间,再也没有一个人可以寄赠。清照心中的孤寂,何等凄然。

这阙《孤雁儿》比梅花好,至少千年后,仍旧可以寄赠共鸣人:

孤雁儿·并序

世人作梅词,下笔便俗。予试作一篇,乃知前言不妄耳。

藤床纸帐朝眠起,说不尽无佳思。沉香断续玉炉寒,伴我情怀如水。笛声三弄,梅心惊破,多少春情意。

小风疏雨萧萧地,又催下千行泪。吹箫人去玉楼空,肠断与谁同倚。一枝折得,人间天上,没个人堪寄。

"人间天上,没个人堪寄"的绝望和悲情,这种深深的孤独蔓延在所有读词人的心里。

序言声明是咏梅,可词中没有像之前咏梅之作那般去描写梅花的色、香、姿,是李清照疏忽了吗?倒也不是,只是词人见了梅花,插花与赵明诚共赏的画面浮现脑海,往事历历在目,怎么抚也抚不去。

"伴我情怀如水",已是暮年的李清照本已看淡一切。如水,默默流淌,不言语,"小风疏雨萧萧地。"清安的形象。可是见了梅花,想起往事,难免心绪起伏,一时难以平静,依旧是满院子的悲情。

不知"肠断与谁同倚"时,回忆成了最后的精神家园;当"人间天上,没个人堪寄"时,默默地想念,静静地哀伤,这又何尝不是一种慰藉呢。

03 女子才藻

公元1143年,一个叫韩玉父的小女孩跟着李清照学习作诗。那时,她才5岁,聪明可爱,李清照甚是欢喜,乐意教她写诗作文。这倒也是一段香火因缘。

韩玉父长大后嫁给穷小子林子建为妻,婚后安心供养丈夫读书,当时林子建在京城太学读书,可谓前途朗朗。果然,后来林子建被派往福建做官,韩玉父就把家里的钱都给林子建带上,让他在路上吃好喝好,到了福建也好做打点之用。

两人挥泪惜别,林子建也发誓安顿好后一定会派人把韩玉父也接去福建同住。

奈何林子建是个忘恩负义的男子,一去就杳无音讯了。韩玉父没办法,收拾一下就前往福建,跋山涉水千里寻夫去了。

这一路上，她经常遭到路人的嘲笑，都说她丈夫欺骗了她，她还傻傻地去寻他，简直就是大笑话。等到韩玉父千辛万苦赶到福建时，才得知林子建又去了江西做官，只好折返回来，途中经过漠口铺，悲愤交加，在墙壁上写下《题漠口铺》及缘由：

妾本秦人，先大父尝仕于朝，因乱，遂家钱塘。幼时，易安居士教以学诗。及笄，父母以妻上舍林子建。去年，林得官归闽，妾倾囊以助其行。林许秋冬间遣骑迎妾，久之杳然。何其食言邪？不免携女奴自钱塘而之三山。比至，林巳官盱江矣。因而复回延平，经由顺昌，假道昭武而去。叹客旅之可厌，笑人事之多乖，因理发漠口铺，漫题数语于壁云。

南行逾万山，复入武阳路。
黎明与鸡兴，理发漠口铺。
盱江在何所，极目烟水暮。
生平良自珍，羞为浪子妇。
知君非秋胡，强颜且西去。

秋胡是春秋鲁国人，结婚五天后就出门做官了，可怜他的妻子在家苦苦等了他五年。五年后，他回到故乡，在郊外的路上看见一个女子在采桑，见她漂亮便上前搭话，戏弄她。回到家后，他才知道采桑女子正是自己的妻子，摊上这样花心的丈夫，妻子最终投河自尽。后来"秋胡"就泛指对爱情不专一的男子。

比起孙氏所说"才藻非女子事"，韩玉父倒没有将心思花在男人身上，得知自己遇到一渣男，"生平良自珍，羞为浪子妇。"韩玉父做出了正确的选择，倒不失为有个性的女子，是一个敢于活出真实自我的女性，这一点倒和李清照相似。

才女朱淑真曾写过《自责》："女子弄文诚可罪，那堪咏月更吟风。磨穿铁砚非吾事，绣折金针却有功。"

女子写文章是一大罪过，有空吟吟风弄弄月，打发打发时间就可以,又何必不辞辛苦地钻研笔墨之功夫呢,这本来就不是一个小女子该做的事,女孩子就应该天天飞针走线,做好针线活才会被世人认可。

这首《自责》未必是真自责,未免有身为女子会舞文弄墨在当时颇有异类之感的一种自嘲吧。有人把朱淑真的才华与李清照的齐名,李清照自觉地了解自己、接纳自己,毅然决然地活得与当时的女子截然不同,丝毫无悔。

04 悄然仙逝

公元1141年,谢伋作《四六谈麈》,将李清照祭奠赵明诚的文章断句收录其中。

公元1142年,被李清照称为"冠盖清流,日下无双,人间第一"的綦崇礼离开人世,享年60岁。

公元1144年,朱弁卒,享年60岁。

公元1146年,曾慥《乐府雅词》成,分上、中、下三卷,其下卷收清照词23首。

公元1147年,赵明诚的二兄赵思诚去世,血亲关系越发稀薄。

公元1148年,胡仔的《苕溪渔隐丛话》前集成,称李清照"尝忆京洛旧事"。翌年,胡仔为《苕溪渔隐丛话》作序,有六十卷,记载了李清照的词、《词论》《投翰林学士綦崇礼启》等及再婚反目的事情。

公元1149年,王灼的《碧鸡漫志》完稿,其中卷二有记载易安"再嫁某氏,讼而离之"。

公元1150年,曾出使过金国的韩肖胄离世,李清照为他送行的诗"欲将血汗寄山河,去洒东山一抔土"犹在耳畔。

公元1152年,李清照携带收藏的米芾墨迹,拜访米芾的儿子米友仁,求他作跋。第二年,米友仁就离开人世。在临安的洪适给《金石录》题跋。其中有一句:"赵君无嗣,李又更嫁。"

晁公武则在《郡斋读书志》中写道:"格非之女,先嫁赵明诚,有才藻名……晚年流落江湖间以卒。"

李清照具体在哪一年仙逝，并无确凿史料记载，世人从陆游的《夫人孙氏墓志铭》一文中可推断出李清照于公元1155年作别人间，约72岁。

　　时间仿若又回到了公元1084年的春天，明水镇上，星子散落在湖泊里，明晃晃的阳光下，一切发生得刚刚好。百脉泉流淌，溪水叮咚，欢唱着最动人的乐曲……

　　像李清照这样在太平盛世时，快乐地生活，自由地成长，无拘无束地抒发真实的情感，婚后与丈夫举案齐眉、志同道合，又不失小女人的姿态、情趣，展现出古代女性柔性之美，勤奋、刻苦地学写诗、作词，以其风采早早便名震京城；国破家亡时，又心系国家，表现出忧国忧民的爱国情怀，以其高超的艺术表现力，展现出性格中的阳刚之美。她的诗、词、文令诸多大家叹服，是后世女性的光辉典范。

　　许多年后，一个叫南蛮玉的女子，欢喜才藻的她登上金华的八咏楼，写道：

　　　　李清照不知道的是
　　　　有人日夜抄写她的诗词
　　　　有人轻轻拂去雕像上的尘土

附录

词 论

乐府声诗并著，最盛于唐。开元、天宝间，有李八郎者，能歌擅天下。时新及第进士开宴曲江，榜中一名士，先召李，使易服隐姓名，衣冠故敝，精神惨沮，与同之宴所。曰："表弟愿与坐末。"众皆不顾。既酒行乐作，歌者进，时曹元谦、念奴为冠，歌罢，众皆咨嗟称赏。名士忽指李曰："请表弟歌。"众皆哂，或有怒者。及转喉发声，歌一曲，众皆泣下。罗拜曰："此李八郎也。"自后郑、卫之声日炽，流靡之变日烦。已有《菩萨蛮》《春光好》《莎鸡子》《更漏子》《浣溪沙》《梦江南》《渔父》等词，不可遍举。

五代干戈，四海瓜分豆剖，斯文道息。独江南李氏君臣尚文雅，故有"小楼吹彻玉笙寒""吹皱一池春水"之词。语虽甚奇，所谓"亡国之音哀以思"也。

逮至本朝，礼乐文武大备。又涵养百余年，始有柳屯田永者，变旧声作新声，出《乐章集》，大得声称于世；虽协音律，而词语尘下。又有张子野、宋子京兄弟，沈唐、元绛、晁次膺辈继出，虽时时有妙语，而破碎何足名家！至晏元献、欧阳永叔、苏子瞻，学际天人，作为小歌词，直如酌蠡水于大海，然皆句读不葺之诗尔。又往往不协音律，何耶？盖诗文分平仄，而歌词分五音，又分五声，又分六律，又分清浊轻重。且如近世所谓《声声慢》《雨中花》《喜迁莺》，既押平声韵，又押入声韵；《玉楼春》本押平声韵，有押去声，又押入声。本押仄声韵，如押上声则协；如押入声，则不可歌矣。王介甫、曾子固，文章似西汉，若作一小歌词，则人必绝倒，不可读也。

乃知词别是一家，知之者少。后晏叔原、贺方回、秦少游、黄鲁直出，始能知之。又晏苦无铺叙。贺苦少典重。秦即专主情致，而少故实。譬如贫家美女，虽极妍丽丰逸，而终乏富贵态。黄即尚故实而多疵病，譬如良玉有瑕，价自减半矣。

投翰林学士綦崇礼启

清照启：素习义方，粗明诗礼。近因疾病，欲至膏肓，牛蚁不分，灰钉已具。尝药虽存弱弟，应门惟有老兵。既尔苍皇，因成造次。信彼如簧之说，惑兹似锦之言。弟既可欺，持官文书来辄信；身几欲死，非玉镜架亦安知？倪俛难言，优柔莫决，呻吟未定，强以同归。

视听才分，实难共处，忍以桑榆之晚节，配兹驵侩之下才。身既怀臭之可嫌，惟求脱去；彼素抱璧之将往，决欲杀之。遂肆侵凌，日加殴击，可念刘伶之肋，难胜石勒之拳。局天扣地，敢效谈娘之善诉；升堂入室，素非李赤之甘心。

外援难求，自陈何害，岂期末事，乃得上闻。取自宸衷，付之廷尉。被桎梏而置对，同凶丑以陈词。岂惟贾生羞绛灌为伍，何啻老子与韩非同传。但祈脱死，莫望偿金。友凶横者十旬，盖非天降；居囹圄者九日，岂是人为！抵雀捐金，利当安往；将头碎璧，失固可知。实自谬愚，分知狱市。此盖伏遇内翰承旨，搢绅望族，冠盖清流，日下无双，人间第一。奉天克复，本缘陆贽之词；淮蔡底平，实以会昌之诏。哀怜无告，虽未解骖，感戴鸿恩，如真出己。故兹白首，得免丹书。

清照敢不省过知惭，扪心识愧。责全责智，已难逃万世之讥；败德败名，何以见中朝之士。虽南山之竹，岂能穷多口之谈；惟智者之言，可以止无根之谤。高鹏尺鷃，本异升沉；火鼠冰蚕，难同嗜好。达人共悉，童子皆知。愿赐品题，与加湔洗。誓当布衣蔬食，温故知新。再见江山，依旧一瓶一钵；重归畎亩，更须三沐三薰。忝在葭莩。敢兹尘渎。

打马赋

　　岁令云徂，卢或可呼。千金一掷，百万十都。樽俎具陈，已行揖让之礼；主宾既醉，不有博奕者乎！打马爰兴，樗蒲遂废。实博奕之上流，乃闺房之雅戏。齐驱骥骕，疑穆王万里之行；间列玄黄，类杨氏五家之队。珊珊佩响，方惊玉蹬之敲；落落星罗，急见连钱之碎。若乃吴江枫冷，胡山叶飞，玉门关闭，沙苑草肥。临波不渡，似惜障泥。或出入用奇，有类昆阳之战；或优游仗义，正如涿鹿之师。或闻望久高，脱复庾郎之失；或声名素昧，便同痴叔之奇。亦有缓缓而归，昂昂而出。鸟道惊驰，蚁封安步。崎岖峻坂，未遇王良；踢促盐车，难逢造父。且夫丘陵云远，白云在天，心存恋豆，志在著鞭。止蹄黄叶，何异金钱。用五十六采之间，行九十一路之内。明以赏罚，核其殿最。运指麾于方寸之中，决胜负于几微之外。且好胜者，人之常情；小艺者，士之末技。说梅止渴，稍苏奔竞之心；画饼充饥，少谢腾骧之志。将图实效，故临难而不四；欲报厚恩，故知机而先退。或衔枚缓进，已逾关塞之艰；或贾勇争先，莫悟阱堑之坠。皆因不知止足，自贻尤悔。况为之不已，事实见于正经；用之以诚，义必合于天德。故绕床大叫，五木皆卢；沥酒一呼，六子尽赤。平生不负，遂成剑阁之师；别墅未输，已破淮淝之贼。今日岂无元子，明时不乏安石。又何必陶长沙博局之投，正当师袁彦道布帽之掷也。

　　辞曰：佛狸定见卯年死，贵贱纷纷尚流徙，满眼骅骝杂骐骊，时危安得真致此？木兰横戈好女子，老矣谁能志千里，但愿相将过淮水。

《金石录》后序

右《金石录》三十卷者何？赵侯德父所著书也。取上自三代，下迄五季，钟、鼎、甗、鬲、盘、彝、尊、敦之款识，丰碑、大碣、显人、晦士之事迹，凡见于金石刻者二千卷，皆是正伪谬，去取褒贬，上足以合圣人之道，下足以订史氏之失者，皆载之，可谓多矣。

呜呼，自王播、元载之祸，书画与胡椒无异；长舆、元凯之病，钱癖与传癖何殊。名虽不同，其惑一也。

余建中辛巳，始归赵氏。时先君作礼部员外郎，丞相时作吏部侍郎。侯年二十一，在太学作学生。赵、李族寒，素贫俭。每朔望谒告出，质衣，取半千钱，步入相国寺，市碑文果实归，相对展玩咀嚼，自谓葛天氏之民也。后二年，出仕宦，便有饭蔬衣练，穷遐方绝域，尽天下古文奇字之志。日就月将，渐益堆积。丞相居政府，亲旧或在馆阁，多有亡诗、逸史、鲁壁、汲冢所未见之书，遂力传写，浸觉有味，不能自已。后或见古今名人书画，一代奇器，亦复脱衣市易。尝记崇宁间，有人持徐熙《牡丹图》，求钱二十万。当时虽贵家子弟，求二十万钱，岂易得耶？留信宿，计无所出而还之。夫妇相向惋怅者数日。

后屏居乡里十年，仰取俯拾，衣食有余。连守两郡，竭其俸入，以事铅椠。每获一书，即同共勘校，整集签题。得书、画、彝、鼎，亦摩玩舒卷，指摘疵病，夜尽一烛为率。故能纸札精致，字画完整，冠诸收书家。余性偶强记，每饭罢，坐归来堂烹茶，指堆积书史，言某事在某书、某卷、第几页、第几行，以中否角胜负，为饮茶先后。中即举杯大笑，至茶倾覆怀中，反不得饮而起。甘心老是乡矣。故虽处忧患困穷，而志不屈。收书既成，归来堂起书库，大橱簿甲乙，置书册。如要讲读，即请钥上簿，关出卷帙。

或少损污，必惩责揩完涂改，不复向时之坦夷也。是欲求适意，而反取憀慄。余性不耐，始谋食去重肉，衣去重采，首无明珠、翠羽之饰，室无涂金、刺绣之具。遇书史百家，字不刓缺，本不讹谬者，辄市之，储作副本。自来家传《周易》《左氏传》，故两家者流，文字最备。于是几案罗列，枕席枕藉，意会心谋，目往神授，乐在声色狗马之上。

至靖康丙午岁，侯守淄川，闻金寇犯京师，四顾茫然，盈箱溢箧，且恋恋，且怅怅，知其必不为己物矣。建炎丁未春三月，奔太夫人丧南来。既长物不能尽载，乃先去书之重大印本者，又去画之多幅者，又去古器之无款识者，后又去书之监本者，画之平常者，器之重大者。凡屡减去，尚载书十五车。至东海，连舻渡淮，又渡江，至建康。青州故第，尚锁书册什物，用屋十余间，冀望来春再备船载之。十二月，金人陷青州，凡所谓十余屋者，已皆为煨烬矣。

建炎戊申秋九月，侯起复知建康府。己酉春三月罢，具舟上芜湖，入姑孰，将卜居赣水上。夏五月，至池阳。被旨知湖州，过阙上殿。遂驻家池阳，独赴召。六月十三日，始负担，舍舟坐岸上，葛衣岸巾，精神如虎，目光烂烂射人，望舟中告别。余意甚恶，呼曰："如传闻城中缓急，奈何？"戟手遥应曰："从众。必不得已，先弃辎重，次衣被，次书册卷轴，次古器，独所谓宗器者，可自负抱，与身俱存亡，勿忘之。"遂驰马去。途中奔驰，冒大暑，感疾。至行在，病痁。七月末，书报卧病。余惊怛，念侯性素急，奈何。病痁或热，必服寒药，疾可忧。遂解舟下，一日夜行三百里。比至，果大服柴胡、黄芩药，疟且痢，病危在膏肓。余悲泣，仓皇不忍问后事。八月十八日，遂不起。取笔作诗，绝笔而终，殊无分香卖履之意。

葬毕，余无所之。朝廷已分遣六宫，又传江当禁渡。时犹有书二万卷，金石刻二千卷，器皿、茵褥，可待百客，他长物称是。余又大病，仅存喘息。事势日迫。念侯有妹婿，任兵部侍郎，从卫在洪州，遂遣二故吏，先部送行李往投之。冬十二月，金寇陷洪州，遂尽委弃。所谓连舻渡江之书，又散为云烟矣。独余少轻小卷轴书帖、写本李、杜、韩、柳集,《世说》《盐铁论》,汉唐石刻副本数十轴,三代鼎鼐十数事,南唐写本书数箧,偶病中把玩,搬在卧内者,岿然独存。

上江既不可往,又虏势叵测,有弟迒任敕局删定官,遂往依之。到台,台守已遁。之剡,出睦,又弃衣被。走黄岩,雇舟入海,奔行朝,时驻跸章安,从御舟海道之温,又之越。庚戌十二月,放散百官,遂之衢。绍兴辛亥春三月,复赴越,壬子,又赴杭。

先侯疾亟时,有张飞卿学士,携玉壶过,视侯,便携去,其实珉也。不知何人传道,遂妄言有颁金之语。或传亦有密论列者。余大惶怖,不敢言,亦不敢遂已,尽将家中所有铜器等物,欲赴外廷投进。到越,已移幸四明。不敢留家中,并写本书寄剡。后官军收叛卒,取去,闻尽入故李将军家。所谓岿然独存者,无虑十去五六矣。惟有书画砚墨,可五七簏,更不忍置他所。常在卧榻下,手自开阖。在会稽,卜居土民钟氏舍。忽一夕;穴壁负五簏去。余悲恸不已,重立赏收赎。后二日,邻人钟复皓出十八轴求赏,故知其盗不远矣。万计求之,其余遂不可出。今知尽为吴说运使贱价得之。所谓岿然独存者,乃十去其七八。所有一二残零不成部帙书册,三数种平平书帙,犹复爱惜如护头目,何愚也耶。

今日忽阅此书,如见故人。因忆侯在东莱静治堂,装卷初就,芸签缥带,束十卷作一帙。每日晚吏散,辄校勘二卷,跋题一卷。此二千卷,有题跋者五百二卷耳。今手泽如新,而墓木已拱,悲夫!

昔萧绎江陵陷没,不惜国亡,而毁裂书画。杨广江都倾覆,不悲身死,而复取图书。岂人性之所著,死生不能忘之欤。或者天意以余菲薄,不足以享此尤物耶。抑亦死者有知,犹斤斤爱惜,不肯留在人间耶。何得之艰而失之易也。

呜呼,余自少陆机作赋之二年,至过蘧瑗知非之两岁,三十四年之间,忧患得失,何其多矣!然有有必有无,有聚必有散,乃理之常。人亡弓,人得之,又胡足道!所以区区记其终始者,亦欲为后世好古博雅者之戒云。

绍兴二年、玄黓岁,壮月朔甲寅,易安室题。

李清照年谱简编

宋年号　公元　年龄　记事

宋神宗元丰七年　公元 1084 年　1 岁
清照生于章丘明水（今山东济南）。其父李格非，字文叔，"苏门后四学士"之一，《宋史·文苑传》有传，有《洛阳名园记》等著作传世。母王氏，元丰宰相王珪之女，善属文。

元丰八年　公元 1085 年　2 岁
清照生母卒。

宋哲宗元祐四年　公元 1089 年　6 岁
清照 3 岁~6 岁随伯父母在乡生活。格非官太学正，赁屋子汴京经衢之西，名其室曰"有竹"。清照由乡来东京，随父生活，学文化。

宋哲宗元祐六年　公元 1091 年　8 岁
当有继母王氏来家。王氏亦善诗文。清照随父母生活，习诗文。

元符元年　公元 1098 年　15 岁
清照随父母生活，是年当有春、秋两游溪亭。

元符二年　公元 1099 年　16 岁
清照结识文学上的忘年交晁补之。此时清照有《点绛唇》（蹴罢秋千）、《鹧鸪天》（暗淡轻黄体性柔）。

元符三年　公元1100年　17岁

清照有《浣溪沙》(莫许杯深琥珀浓)、《渔家傲》(雪里已知春信至),又清照得识张耒(字文潜)并作《浯溪中兴颂诗和张文潜二首》。

宋徽宗建中靖国元年　公元1101年　18岁

清照适赵明诚。明诚字德甫,二十一岁,太学生,赵挺之季子。有《金石录》传世。是年,格非仍为礼部员外郎,挺之为吏部侍郎。清照新婚燕尔,有《减字木兰花》(买花担上)词,又有《浣溪沙》(绣面芙蓉一笑开)词亦写新婚之乐。

崇宁元年　公元1102年　19岁

春,清照有《如梦令》(昨夜雨疏风骤),抒伤春情绪。七月,格非被列为元祐党籍,九月,徽宗书党人名单,刻石端礼门。"奸党"名额此时共约120人,格非名在余官第26人。五月,赵挺之除尚书右丞,八月,除尚书左丞,清照上挺之诗云:"何况人间父子情!",当为营救其父格非而作,人谓"识者哀之"。

崇宁二年　公元1103年　20岁

春,清照有《怨王孙》(帝里春晚)。四月,挺之除中书侍郎;明诚亦于是年"出仕宦",其兄存诚除校书郎。秋,清照有《一剪梅》(红藕香残玉簟秋)送明诚。九月庚寅诏禁元祐党人子弟居京,壬午诏:"宗室不得与元祐奸党子孙及有服亲为婚姻,内已定未过礼者并改正。"据此,清照被遣离京,只得投奔上年回原籍的父母。

崇宁三年　公元1104年　21岁

六月,戊午,复位党籍,将元祐、元符党人及上书邪等者,合为一籍,共309人。壬戌,刻石文德殿门之东壁,格非名仍在余官第26人。挺之属新党,是岁九月乙亥,自右光禄大夫、中书侍郎除门下侍郎,故清照作《玉楼春》(红酥肯放琼苞碎)。

崇宁四年　公元 1105 年　22 岁

三月，挺之除尚书右仆射兼中书侍郎。清照再次上诗救父，其云："炙手可热心可寒"。六月戊子，挺之为避蔡京嫉，引疾乞罢右仆射。十月乙丑，明诚为鸿胪少卿，其长兄存诚为卫尉卿、次兄思诚为秘书少监。

崇宁五年　公元 1106 年　23 岁

正月，大赦天下，毁《元佑党人碑》，除党人一切之禁，并令吏部李格非与监庙差遣。二月丙寅，蔡京罢左仆射，赵挺之为特进、尚书右仆射兼中书侍郎。时清照由原籍返汴京，作《庆清朝》（禁幄低张）；七夕，有《行香子》（草际鸣蛩）词。

大观元年　公元 1107 年　24 岁

正月甲午，复以蔡京为尚书左仆射兼门下侍郎。三月丁酉，挺之罢右仆射，授特进、观文殿大学士、佑神观使。后五日癸丑，卒于汴京，年六十八，赠司徒，谥清宪。卒后三日，家属亲戚在京者被捕入狱。无事实，七月，挺之被追夺赠官，是年秋明诚、清照屏居青州。回乡后，清照有《南歌子》（天上星河转）词，九月有《多丽》（小楼寒）词咏白菊。

大观二年　公元 1108 年　25 岁

春正月壬子朔，徽宗受八宝于大庆殿，大赦天下，自此以后，党禁稍弛，格非亦在被赦之列。清照有《青玉案》（一年春事都来几）写屏居之乐。八月秋分，明诚、清照为隐居金乡的晁补之贺寿，清照遂作《新荷叶》（薄露初零）词。重阳，明诚与妹婿李擢游仰天山，清照有《忆秦娥》（临高阁）、《醉花阴》（薄雾浓云愁永昼）思之。

大观三年　公元 1109 年　26 岁

端午，明诚与兄思诚、妹婿李擢等重游仰天山。九月十三日，明诚游长清县灵岩寺,清照有《凤凰台上忆吹箫》(香冷金猊)词抒发相思之情。

大观四年　公元1110年　27岁
清照居青州。大观间,有《浣溪沙》(小院闲窗春色深)词。

政和元年　公元1111年　28岁
五月,郭氏奏请除挺之指挥。九月,清照、明诚题名于云巢石。

政和二年　公元1112年　29岁
明诚夫妇仍屏居青州。存诚于是年以秘书少监言事,思诚亦起复。

政和三年　公元1113年　30岁
是岁,清照有《词论》,30岁~40岁,有《分得知字韵》(学诗三十年)诗。

政和四年　公元1114年　31岁
新秋,明诚为易安题照(上书易安居士三十一岁之照),题赞曰:"清丽其词,端庄其品,归去来兮,真堪偕隐。政和甲午新秋,德父题于归来堂。"此"照"存有所衣非宋人服装等若干破绽,已考定其为赝品。

政和五年　公元1115年　32岁
明诚得《汉司空残碑》、刘跂所遗《汉张平子残碑》、《汉祝长严䜣碑》。明诚在青州屡获金石刻辞,于归来堂起大橱藏之,与清照相对赏玩。是岁,明诚常外出访古,清照有《浣溪沙》(髻子伤春慵更梳)词以抒闺情。

政和六年　公元 1116 年　33 岁

春三月四日，明诚三游长清灵岩寺。清照有《点绛唇》（寂寞深闺）、《念奴娇》（萧条庭院）、《木兰花令》（沉水香消人悄悄）三词，忆念在长清等地访古之明诚。

政和七年　公元 1117 年　34 岁

夫妇仍屏居青州。秋九月十日，明诚编《金石录》并自序之，河间刘跂为《金石录》前三十卷作序。

宣和三年　公元 1121 年　38 岁

春，清照有《蝶恋花》（暖雨晴风初破冻）词抒离情，盖此时明诚与兄弟朋友辈出游，故清照思之。四月二十五、二十六日，明诚等游仰天山。后明诚起知莱州，秋，清照赴莱州，途经昌乐，有《蝶恋花·晚止昌乐馆寄姊妹》一词。八月十日，清照到莱州，有《感怀》（寒窗败几无书史）诗。

宣和四年　公元 1122 年　39 岁

清照夫妇在莱州。明诚得《后魏郑羲上碑》又得郑道昭《登云峰山》与《北齐云峰山题记》诸石刻。清照有《晓梦》（晓梦随疏钟）诗。

宣和五年　公元 1123 年　40 岁

清照夫妇在莱州。人日，清照从兄李迥为李格非《廉先生序》作跋。与静治堂夫妇共同辑集整理《金石录》。

宣和六年　公元 1124 年　41 岁

明诚移知淄州，清照随往。

宣和七年　公元 1125 年　42 岁

清照夫妇在淄州。十二月二日，明诚以职事修举，除直秘阁。

宋钦宗靖康元年　公元1126年　43岁

明诚守淄州，因其提兵帅属，斩获逋卒为多，被朝廷"录功"，且转一官。明诚在淄川邢氏之村，得白乐天所书《楞严经》，"因上马疾驱归，与细君共赏。"近人疑此《楞严经》非真迹。闰十一月，金军破东京，史称"靖康之变"。翌年四月，俘徽宗、钦宗和宗室、后妃等数千人，并辅臣、乐工、工匠等及大量财物北去，汴京为之一空，北宋亡。

宋钦宗靖康二年、宋高宗建炎元年　公元1127年　44岁

三月，明诚独自往金陵奔母丧。四月，北宋亡。五月，高宗即位于南京应天府之正厅，改元建炎，史称南宋。四、五月间，清照由淄州返青州，整理金石文物准备南运。七月，明诚起复知江宁府，兼江东经制副使，八月至任。十二月，明诚家存书册什物十余屋，焚于青州兵变，清照离青州南渡，载书十五车。

建炎二年　公元1128年　45岁

春，清照携《赵氏神妙帖》等文物赴江宁，途经镇江遇盗掠匆失，为明诚和岳珂所称道。清照有《殢人娇》（玉瘦香浓）词、《蝶恋花》、《小重山》（春到长门春草青）词、《添字丑奴儿》（窗前谁种芭蕉树）。寒雪日，清照每登建康城寻诗。

建炎三年　公元1129年　46岁

正月初七，清照有《菩萨蛮》（归鸿声断残云碧）词；二月，有《临江仙》（庭院深深深几许）二首；此月，明诚罢知建康府。八月十八日，明诚卒于建康，年四十九。旋葬之，清照为文以祭。葬毕，清照大病后往依其弟李迒。时传赵世有颁金之语，清照一路追随帝踪，离建康南下，途中作《浪淘沙》（帘外五更风）词怀念明诚。冬，又作《孤雁儿》（藤床纸帐朝眠起）词再抒悼明诚之情。

建炎四年　公元1130年　47岁

春，清照追随高宗辗转浙东。在明州，尝散失书画。入海，或有经三山（福州）往泉州之想，有《渔家傲》（天接云涛连晓雾）词志其事。夏四月癸未，帝驻越州。七月丁卯，刘豫受金册为"齐帝"，清照赋《咏史》诗讽之。十一月壬子，朝廷放散百官，清照至衢州。

绍兴元年　公元1131年　48岁

三月，复赴越州，择居钟氏宅，卧榻之下五簏文物被穴壁盗去，钟氏遂出十八轴求赏。可见钟复皓为梁上君子。后世张居正为此事殊不平，尝辞退会稽籍钟姓部吏。

绍兴二年　公元1132年　49岁

春天赴临安，三月作"露花倒影"联，嘲新进士张九成。清照有《偶成》诗悼念明诚，又有《菩萨蛮》（风柔日薄春犹早）怀念故乡。清照患重病，被张汝舟骗婚。秋，清照与张离异，并"讼其妄增举数入官"，张遂编管柳州。依宋刑律，告发丈夫者应"徒二年"，因得明诚远亲、建炎时曾与高宗共患难的綦崇礼搭救的缘故，清照仅系狱九日，清照以《投翰林学士綦崇礼启》谢之。八月，清照在杭州作《金石录·后序》。

绍兴三年　公元1133年　50岁

春暮，清照有《好事近》（风定落花深）词以抒伤春之情。尚书吏部侍郎韩肖胄使金，试工部尚书胡松年为副使。清照缘此事而作《上枢密韩肖胄诗》古、律各一首。

绍兴四年　公元1134年　51岁

九月，金、齐合兵分道犯杭州等地。十月，清照逃往金华避难，择居陈氏宅。是时思诚知台州。十一月二十四日，作《打马图经》并为之作序；又作《打马赋》与《打马图经命辞》。十二月庚子，金人退师。

绍兴五年　公元1135年　52岁

春及初夏，清照仍居金华，并于此地作《武陵春》（风住尘香花已尽）词和《题八咏楼》（千古风流八咏楼）诗。五月三日，诏令婺州取索故直龙图阁赵明诚家藏《哲宗皇帝实录》缴进。这当是一种带有违禁性质的大事，清照不久离开婺州府至金华当与此事有关。

绍兴七年　公元1137年　54岁

春，清照有《转调满庭芳》（芳草池塘）词。

绍兴九年　公元1139年　56岁

元宵，清照有《永遇乐》（落日熔金）；暮春，有《忆王孙》（梦断漏悄）词。

绍兴十年　公元1140年　57岁

八月，清照有《摊破浣溪沙》（揉破黄金万点轻）词咏丹桂。

绍兴十三年　公元1143年　60岁

清照撰《皇帝阁春帖子》，又撰《贵妃阁春帖子》。夏四月，撰《端午帖子词》。《金石录》于是年前后表进于朝。

绍兴十六年　公元1146年　63岁

春，曾慥《乐府雅词》成，其下卷收清照词二十三首（《南歌子》《转调满庭芳》《渔家傲》《如梦令》两首、《多丽》《菩萨蛮》两首、《浣溪沙》三首、《凤凰台上忆吹箫》《一剪梅》、《蝶恋花》两首、《鹧鸪天》《小重山》《怨王孙》《临江仙》《醉花阴》《好事近》《诉衷情》《行香子》）。

绍兴十七年　公元 1147 年　64 岁

清照有《声声慢》(寻寻觅觅)词,写国破家亡晚年孀居之惨戚。

绍兴十八年　公元 1148 年　65 岁

《苕溪渔隐丛话》前集成,其卷六十《丽人杂记》苕溪渔隐曰:"近时妇人能文词,如李易安,颇多佳句,小词云:'昨夜雨疏风骤……应是绿肥红瘦'。'绿肥红瘦',此语甚新。又《九日》词云,'帘卷西风,人比黄花瘦。'此语亦妇人所难道也。易安再适张汝舟,未几反目,有《启事》与綦处厚云:'猥以桑榆之晚景,配兹驵侩之下材。'传者无不笑之。"

绍兴十九年　公元 1149 年　66 岁

王灼的《碧鸡漫志》撰成于成都,其卷二谓易安"再嫁某氏,讼而离之。"

绍兴二十二年　公元 1152 年　69 岁

清照访米友仁,为米元章二帖求跋。

绍兴二十五年　公元 1155 年　72 岁

陆游《渭南文集》卷三十五《夫人孙氏墓志铭》云易安晚年欲以其学传孙氏,孙氏曰:"才藻非女子事也。"清照卒。